A VOCABULARY OF THE ENGLISH, SINHALESE AND TAMIL LANGUAGES

A VOCABULARY OF THE ENGLISH, SINHALESE AND TAMIL LANGUAGES

GYAN

Published by

GYAN

Gyan Publishing House
5, Ansari Road
Daryaganj, New Delhi-110002
Phone: 011-47034999, 9811692060
E-mail: books@gyanbooks.com

Distribution Network
gyanbooks.com
India, USA, Canada, UK, Australia, France

ISBN : 978-81-212-3093-3 (PB)
First Published, Colombo, 1899

2nd Impression 2020

Printed at: Gyan Press, Delhi.

**A Vocabulary of the
English, Sinhalese and Tamil Languages**

A VOCABULARY

OF THE

ENGLISH, SINHALESE AND TAMIL LANGUAGES.

—:❁:—

සිංහල අකුරෙන්

සෑදූ

ඉංග්‍රීසි, සිංහල, දෙමළ වචන පොත

—:❁:—

COLOMBO:

The Christian Literature Society.

1899.

ශබ්දකෙරීම ගැණ ගුරුකම්.

—ooo—

ඉංග්‍රීසි භාෂාවේ ශබ්දවලින් ප්‍රධානකොටම f අකුරේ ශබ්දය සිංහල අකුරුවලින් සම්පූර්ණලෙස ලියන්ට නුපුළුවන් බැවින්ද ප යන්න ඊට ඉතා කිට්ටු ශබ්දයක් බැවින්ද f අකුරු එන්නාවූ ස්ථානවල f අකුරත් සමග ඒ වෙනුවට fප මේ පොතෙහිදී ව්‍යවහාර කරණු ලැබේ. fපාදර්=Father.

ඉංග්‍රීසි භාෂාවේ 'ඒ' නොහොත් 'දි' කියන ශබ්දය එක් දෙයක් හැඟෙන්නාවූ වචනවලට ඉදිරිපිටින් යොදති. උපහැරණ: ඒ හෝර්ස්, අශ්වයෙක්; දි මෑන්, මිනිහා; ඒ හවුස්, ගෙයක්; දි හවුස්, ගෙය.

බහු වචන සෑදෙන්නේ වැඩිකොටම ඒක වචනවලට 'ඇස්' අකුර එක්කාසුකෙරීමෙන්ය. උපහැරණ: හවුසස්, ගෙවල්; හෑන්ඩ්ස්, අත්.

දෙමළ වචනවල ව යන්න ඉංග්‍රීසි භාෂාවේ v (වි) යන අක්‍ෂර ශබ්දයට සමානවයේ කියවෙන්නට ඕනෑය.

I	අයි	මම	නාන්
My	මයි	මගේ	එන්නුඩෛය
Me	මී	මා	එන්නෛ
We	වී	අපි	නාංගල්
Our	අවර්	අපේ	නම්මුඩෛය
Us	අස්	අප	එංගලෛ
Thou	දෞ	තෝ	නීර්
Thy	දෛ	තාගේ	උන්නුඩෛය
Thee	දී	තා	උම්මෛ
You	යූ	නුඹ, නුඹලා	නී, නීර්
Your	යුවර්	නුඹේ, නුඹලාගේ	උන්නුඩෛය
He	හි	ඔහු	අවන්
His	හිස්	ඔහුගේ	අවනුඩෛය
Him	හිම්	ඔහු	අවනෛ
They	දේ	ඔවුන්	අවර්ගල්
Their	දෙයාර්	ඔවුන්ගේ	අවර්ගළුඩෛය
Them	දෙම්	ඔවුන්	අවර්ගලෛ
She	ෂී	ඈ	අවල්
Hers	හර්ස්	ඈගේ	අවළුඩය
Her	හර්	ඈ	අවළෛ
It	ඉට්	ඒක	අදු
Myself	මිසෙල්fප්	මම්ම	නානේන්
Ourselves	අවර්සෙල්විස්	අපිම	නාංගල්
Himself	හිම්සෙල්fප්	ඔහුම	තාන්

Who?	හූ?	කවුද?	එවන්?
Whose?	හූස්?	කාගේද?	ආරුඩෛය?
Whom?	හූම්?	කවුද?	ආරෛ?
Which?	හ්විච්?	කෝකද?	එදු?
What?	හ්වට්?	මොකද?	එන්න?
This	දිස්	මේ, මේක	ඉන්ද, ඉදු
That	දැට්	ඒ, ඒක	අන්ද, අදු
All	ඕල්	සියලු	එල්ලාම්
Some	සම්	සමහර	සිල
As	ඈස්	වාගේ	පෝල
Both	බෝත්	දෙකම	ඉරණ්ඩුම්
Same	සේම්	එම	ඔන්ඩෙ
Each	ඊච්	එකිනෙකා	ඔව්වොරු
Every	එව්රි	සෑම	සගල
Other	අදර්	අනික්	මට්ට
Another	එනදර්	වෙන	මට්ටොරු
Good	ගුඩ්	හොද	නල්ල
Bad	බෑඩ්	නරක	කෙට්ට
Long	ලෝං	දිග	නීණ්ඩ
Short	ෂෝර්ට්	කොට, ලුහුඬු	කට්ටෙ
Cold	කෝල්ඩ්	සීතල	කුළිර්
Hot	හොට්	උණුසුම්	සූඩාන
Great	ග්‍රේට්	ලොකු	පෙරිය

Little	ලිට්ල්	කුඩා	සින්න
Far	fආර්	දුර	තූරම්
Near	නියර්	ළඟ	කිට්ට
Soon	සූන්	හනික	සීක්කිරම්
Slow	ස්ලෝ	හෙමින්	මෙල්ල
Few	fප්‍යූ	ස්වල්ප	කොඤ්ජ
Many	මෙනි	බොහෝ	අනේග
Soft	සෝfට්	මොලොක්	මෙදුවාන
Hard	හාර්ඩ්	තද	කඨිනමාන
Just	ජස්ට්	යුතු	නීදිවුල්ල
Diligent	ඩිලිජෙන්ට්	කඩිසර	මුයර්චියුල්ල
Idle	අයිඩිල්	කම්මැලි	සෝම්බලාන
Cheap	චීප්	ලාභ	මලිවාන
Dear	ඩියර්	අලාභ, ප්‍රිය	කිරාකි, පිරිය
One	වන්	එක	ඔන්ඩු
Two	ටූ	දෙක	ඉරණ්ඩු
Three	ත්‍රී	තුන	මූන්ඩු
Four	fෝර්	හතර	නාලු
Five	fපයිව්	පහ	අයින්දු
Six	සික්ස්	හය	ආරු
Seven	සෙවන්	හත	ඒළු
Eight	එයිට්	අට	එට්ටු
Nine	නයින්	නවය	ඔන්පදු
Ten	ටෙන්	දහය	පත්තු

I am	අයි ඈම්	මම ඉඳිමි	
He is	හී ඉස්	ඔහු ඉඳියි	
We are	වී ඈර්	අපි ඉඳිමු	
You are	යූ ආර්	තුඹලා ඉන්නාහුය	
They are	දේ ආර්	ඔව්හු ඉඳිති	
I was	අයි වාස්	මම හිටියෙමි	
He was	හී වාස්	ඔහු හිටියේය	
We were	වී වර්	අපි හිටියෙමු	
I have	අයි හැව්	මට තිබෙනවා	
Thou hast	දව් හැස්ට්	තොට තිබෙනවා	
He has	හී හැස්	ඔහුට තිබෙනවා	
We have	වී හැව්	අපට තිබෙනවා	
I had	අයි හැඩ්	මට තිබුනා	
I can	අයි කෑන්	මට පුළුවනි	
I shall	අයි ෂැල්	මම කරමි	
I may	අයි මේ	මට කළහැකි	
I cannot	අයි කෑනොට්	මට බැහැ	
I love	අයි ලව්	මම ආදරේකරමි	
Thou lovest	දව් ලවෙස්ට්	තෝ ආදරේකරන්නෙහි	
He loves	හී ලව්ස්	ඔහු ආදරේකරයි	
We love	වී ලව්	අපි අදරේ කෙරෙමු	
Go	ගෝ	පලයන්	පෝ
Come	කම්	වරෙන්	වා
Give	ගිව්	දියන්	කුඩු

Open	ඕපන්	අරිණවා	තිර
Shut	ෂට්	වහනවා	පූට්ටු
Try	ට්‍රයි	වෑයම්කරණවා	පිරයාසප්පඩු
Die	ඩයි	මැරෙණවා	මරිත්තල්
Take	ටේක්	ගන්නවා	එඩුත්තුල්
In	ඉන්	තුළ	ඉල්, උල්
On	ඔන්	මතුපිට	මේල්
To	ටූ	ට	කු
By	බයි	විසින්	ආල්
Up	අප්	උඩ	මේලේ
For	fපොර්	නිසා	එන්බාල්
At	ඇට්	ළඟ	ඉඩත්තිල්
From	fරොම්	ගෙන්	විට්ටූ
Before	බිfපෝර්	ඉස්සර	මූන්
Behind	බිහයින්ඩ්	පස්සෙ	පින්නාලේ
Below	බිලෝ	යට	කීල්
Between	බිට්වීන්	අතරේ	නඩුවේ
Of me	ඔfප් මි	මා ගැණ	එනදු
To me	ටූ මී	මට	එනක්කු [රුන්දු
From me	fරෝම් මී	මගෙන්	එන්නිඩත්තිලි
By me	බයි මී	මා විසින්	එන්නාල්
For me	fපෝර් මී	මා නිසා	එන්නිමිත්තම
With me	විත්	මා සමග	එන්නෝඩේ

Here	හියර්	මෙතන	ඉංගෙ
There	දෙයාර්	එතන	අංගෙ
Where ?	හෙව්යර් ?	කොතන ?	එංගෙ ?
So	සෝ	එසේ	අප්පඩි
No	නෝ	නැහැ	ඉල්ලෙ
Yes	යෙස්	ඔව්	ආම
Now	නව්	දැන්	ඉප්පොළුදු
When ?	හෙවන් ?	කවදාද ?	එප්පොළුදු ?
Then	දෙන්	එවිට	අප්පොළුදු
Always	ඕල්වේස්	සැමවේලේම	එප්පොළුදුම්
How ?	හව් ?	කොහොමද ?	එප්පඩි ?
How much ?	හව්මච් ?	කොපමණද ?	එත්තනෙ ?
Often	ඔෆ්ට්න්	නොයෙක්විට	අඩික්කඩි
Seldom	සෙල්ඩම්	කලාතුරකින්	ඔරුවේලෙ
Sometimes	සම්ටයිම්ස්	සමහරවිට	සිලවේලෙ
Why ?	හවයි ?	මක්නිසාද ?	ඒන් ?
Quickly	කුයික්ලි	ඉක්මනින්	සීක්කිරමාය්
Slowly	ස්ලෝලි	හෙමින්	මෙල්ල
If	ඉෆ්	නම්	ආල්
And	ඈන්ඩ්	තවද	උම්
Or	ඕර්	නොහොත්	අල්ලදු
Nor	නෝර්	වත්	අල්ල
Only	ඕන්ලි	පමණක්	මාත්තිරම්

School	ස්කූල්	පාඨශාලාව	පල්ලික්කූඩම්
Teacher	ටීචර්	ගුරුවරයා	උවාත්තියායර්
Monitor	මොනිටර්	මුල් ශෝලයා	සට්ටම්පිළ්ළෙ
Scholar	ස්කොලර්	ශෝලයා	සිෂන්
Class	ක්ලාස්	පඞ්ක්තිය	වගුප්පු
Seat	සීට්	ඉඩම	ආසනම්
Chair	චෙයර්	පුටුව	නාට්කාලි
Bench	බෙන්ච්	බංකුව	වාංගු
Table	ටේබිල්	මේසය	මේසෛ
Desk	ඩෙස්ක්	ලියනපෙට්ටිය	සායින්දපෙට්ටි
Board	බෝර්ඩ්	ලෑල්ල	පලගෛ
Picture	පික්චර්	සිතුවම	පඩම්
Copy	කොපි	සටහන	සරෛවෙ
Slate	ස්ලේට්	ගල්ලෑල්ල	කට්පලගෛ
Pencil	පෙන්සිල්	ගල්කූර	ඉරෙල්ගිනි
Ola	ඕලා	තල්කොලය	පනෛයෝලෛ
Style	ස්ටයිල්	උල්කටුව	එළුත්තාණි
Paper	පේපර්	කඩදාසි	කඩුදාසි
Alphabet	ඇල්ෆබෙට්	හෝඩිය	අරිච්චුවඩි
Letter	ලෙටර්	අකුර	එළුත්තු
Syllable	සිල්ලෙබිල්	එක්ශබ්දය	අසෛ
Word	වර්ඩ්	වචනය	සොල්
Sentence	සෙන්ටෙන්ස්	වගන්තිය	වාසගම්
Line	ලයින්	පේළිය	වරි

Page	පේජ්	පත්ඉරුව	පුරම්
Book	බුක්	පොත	පුස්තගම්
Recess	රිසෙස්	විවේකය	ඉට්ටුනේරම්
Holiday	හොලිඩේ	නිවාඩු දවස	විඩුමුරෛ
Late	ලේට්	ප්‍රමාදවූ	පින්දිවරුදල්
Absent	ඇබ්සෙන්ට්	ඉදිරිපිට නැති	වරාමල්විඩුදල්
Name	නේම්	නාමය	නාමම්
Place	ප්ලේස්	ඉඩම	ඉඩම්
Answer	ඇන්සර්	උත්තරය	මරුමොළි
Lesson	ලෙසන්	පාඩම	පාඩම්
Noise	නොයිස්	ඝෝෂාව	ඉරෛච්චල්
Meaning	මීනිං	අභිප්‍රාය	අර්තම්
Mistake	මිස්ටේක්	වැරදීම	පිළෛ
Stops	ස්ටොප්ස්	නවතින ඉඩම්	නිරුත්තු
Read	රීඩ්	කියවනවා	වාසිතල්
Write	රයිට්	ලියනවා	එළුදු
Speak	ස්පීක්	කථාකරණවා	පේසු
Say	සේ	කියනවා	සොල්ලු
Know	නෝ	දන්නවා	අරිදල්
Learn	ලර්න්	ඉගෙණගන්නවා	පඩි
Examine	එග්සෑමින්	සෝදිසිකරබලනවා	සෝදිතතල්

කම් හියර්	මෙහෙවරෙන්
ගෝ දෙයාර්	එහි පලයන්
කම් බැක්	ආපසු වරෙන්
ගෝ එවේ	අහක පලයන්
කම් සූන්	ඉක්මනට වරෙන්
ගෝ කුයික්ලි	හනිකට පලයන්
ගෝ ස්ලෝලි	හෙමින් පලයන්
ටේක් දිස්	මේක ගණින්
ස්ටැන්ඩ් අප්	කෙලින් හිටපන්
සිට් ඩෞන්	ඉඳගණින්
කම් ටු මී	මා ළඟට වරෙන්
දිස් ඉස් ගුඩ්	මේක හොඳයි
දැට් ඉස් බැඩ්	ඒක නරකයි
ඩු නොට් ස්පීක්	කථාකරන්ට එපා
යූ මේ ගෝ	උඹට යන්ට පුළුවනි
අයි ඇම් ටයර්ඩ්	මට වෙහෙසයි
අයි ඇම් කෝල්ඩ්	මට සීතලයි
යූ ඇර් හොට්	උඹ රස්නෙයි
රීඩ් දිස් බුක්	මේ පොත කියවාපන්
ගිව් මී දැට්	මට ඒක දියන්
වට් ඉස් දිස් ?	මේ මොකද ?
හූ සෙන්ට් යූ ?	උඹව එවූනේ කවුද ?
කැන් යූ රීඩ් ?	උඹට කියවනෑක්ද ?

හවට් ඩු යූ වන්ට් ?   උඹට ඕනෑ මොකද !

හෙවයර් ආර් යූ ගොයිං?   උඹ කොහේ යනවාද ?

අයි විෂ් ටු ලුක්   මට බලන්ට කැමතියි

ඉට් ඉස් වෙරි ගුඩ්   ඒක බොහොම හොඳයි

දිස් ඉස් වෙරි චීප්   මේක ඉතා ලාභයි

දැට් ඉස් ටූ ඩියර්   අරක ඉතාම අලාභයි

අයි ඩු නොට් නෝ   මම දන්නේ නැහැ

සිට් හයර් අප්   වඩා උස් ඉඩමක ඉඳගණින්

සිට් ලෝවර් ඩෞන්   වඩා පහත් ඉඩමක ඉඳගණින්

කැන් යූ ස්පීක් ඉංග්ලිෂ්?   උඹට ඉංග්‍රීසි කථාකරන්ට පුළුවන්ද?

අයි කැන් ස්පීක් ඒ ලිට්ල්   මට ටිකක් කථාකරන්ට පුළුවනි

අයි නෝ ඒ ෆ්‍යූ වර්ඩ්ස්   මම වචන ස්වල්පයක් දනිමි

අයි කැනොට් ස්පීක් ඉංග්ලිෂ්   මට ඉංග්‍රීසි කථාකරන්ට බැහැ

අයි විෂ් ටු ලර්න් ඉංග්ලිෂ්   මම ඉංග්‍රීසි ඉගෙණගන්ට කැමතියි

හව් ඕල්ඩ් ආර් යූ ?   උඹට වයස කීයද ?

හැව් යූ ඒ බුක් ?   උඹ ළඟ පොතක් තිබෙනවාද ?

ඕපන් යුවර් බුක්ස්   උඹලාගේ පොත් දිගඇරපල්ලා

සේ යුවර් ලෙසන්   උඹේ පාඩම කියාපන්

ෂට් යුවර් බුක්ස්   උඹලාගේ පොත් වහගණිල්ලා

ට්‍රයි ටු ස්පීක් වෙල්   හොඳට කථාකරන්ට වීයසීකරපන්

කම් ටු ස්කූල් එව්රිඩේ   සැමදාම ඉස්කෝලයට වරෙන්

හවයි ආර් යූ ලේට් ?   උඹ පමාවුනේ මක්නිසාද ?

ලර්න් යුවර් ලෙසන්   උඹේ පාඩම පාඩම්කරපන්

Time	ටයිම්	කාලය	කාලම්
Year	යියර්	අවුරුද්ද	වරුෂම්
Month	මන්ත්	මාසය	මාදම්
Week	වීක්	සතිය	කිලමෛ
Day	ඩේ	දවස	නාළ්
Hour	අවර්	පැය	මණිත්තියාලම
One o'clock	වනො කෙලාක්	එක්වෙනි පැය	ඔරුමණිත්තියා යාලම්
Minute	මිනිට්	විනාඩිය	නිමිෂම්
Night	නයිට්	රාත්‍රිය	ඉරා
Day	ඩේ	දවාල	පගල්
Morning	මෝර්නිං	උදය	කාලමෛ
Noon	නූන්	මද්දහන	මත්තියානම්
Evening	ඊවිනිං	සැන්දෑව	සායංකාලම්
Yesterday	යෙස්ටර්ඩේ	ඊයේ	නේට්ටු
To-day	ටුඩේ	අද	ඉන්දෙක්කු
To-morrow	ටුමරෝ	හෙට	නාළෛ
Sunday	සන්ඩේ	ඉරිදා	ඤායිට්ටු කිළ
Monday	මන්ඩේ	සඳුදා	තිංගළ් [මෛ
Tuesday	ට්‍යූස්ඩේ	අඟහරුවාදා	සෙව්වාය් කිළ
Wednesday	වෙන්ස්ඩේ	බදාදා	පුදන් [මෛ
Thursday	තර්ස්ඩේ	බෘහස්පතින්දා	වියාළන්
Friday	ෆ්‍රයිඩේ	සිකුරාදා	වෙළ්ළි
Saturday	සැටර්ඩේ	සෙනසුරාදා	සනි

Soul	සෝල්	ආත්මය	ආත්තුමා
Body	බොඩි	ශරීරය	ශරීරම්
Head	හෙඩ්	ඉස	තලෛ
Skull	ස්කල්	ඉස්කබල	මණ්ඩෛ
Hair	හෙයර්	ඉසකෙස්	මයිර්
Face	ෆේස්	මූහුණ	මූගම්
Forehead	ෆෝර්හෙඩ්	නළල	නෙට්ටි
Eyebrow	අයිබ්‍රව්	ඇස්බැම	පුරුවම්
Eye	අයි	ඇහැ	කණ්
Sight	සයිට්	දෘෂ්ටිය	පාර්වෛ
Tears	ටියර්ස්	කඳුලු	කණ්ණීර්
Nose	නෝස්	නාසේ	මූක්කු
Smell	ස්මෙල්	සුවඳ	මණම්
Mouth	මෞත්	කට	වාය්
Tooth	ටූත්	දත	පල්
Teeth	ටීත්	දත්	පල්ලුගළ්
Gum	ගම්	විදුරුමස	මූරසු
Palate	පැලේට්	උඩුතල්ල	අන්නම්
Spittle	ස්පිටල්	කෙළ	තුප්පල්
Tongue	ටං	දිව	නාක්කු
Taste	ටේස්ට්	රස	රුසි
Ear	ඉයර්	කණ	කාදු
Hearing	හියරිං	ඇසීම	කේළ්වි

Touch	ටච්	අතගානවා	තොඩු
Cheek	චීක්	කම්මුල	කන්නම්
Jaw	ජෝ	හක්ක	තාඩෛ
Chin	චින්	නිකට	මෝවාය්
Beard	බියර්ඩ්	රැවුල	තාඩි
Whiskers	හවිස්කර්ස්	බක්බරුම	කනානමීසෛ
Moustache	මුස්ටෑච්	උඩුරැවුල	මෙන්මීසෛ
Throat	ත්‍රෝට්	උගුර	තොණ්ඩෛ
Windpipe	වින්ඩ්පයිප්	උගුරුදණ්ඩ	කුරල්වළෛ
Neck	නෙක්	බෙල්ල	කළුත්තු
Shoulder	ෂෝල්ඩර්	උරය	තොළ්
Arm	ආර්ම්	බාහුව	කෛ
Elbow	එල්බෝ	වැලමිට	වලංකෛ
Hand	හෑන්ඩ්	අත	කෛ
Right-hand	රයිට්හෑන්ඩ්	දකුණ	වලදුකෛ
Left-hand	ලෙෆ්ට්හෑන්ඩ්	වමත	ඉඩදුකෛ
Wrist	රිස්ට්	මැණික්කටුව	මණික්කට්ටු
Palm	පාම්	අල්ල	උළ්ළංකෛ
Finger	ෆින්ගර්	ඇඟිල්ල	විරල්
Thumb	තම්බ්	මාපටඇඟිල්ල	පෙරුවිරල්
Knuckle	නක්ල්	ඇඟිලිපුරුක්	විරට්සන්දු
Joint	ජොයින්ට්	හන්දිය	විරල්පූට්ටු
Nail	නේල්	නියපොත්ත	නගම්
Breast	බ්‍රෙස්ට්	පපුව	නෙඤ්ජු

Stomach	ස්ටමැක්	බොක්ක	ඉරෛකුඩල්
Side	සයිඩ්	ඇලපත	පක්කම්
Rib	රිබ්	ඉලඇටය	විලාවෙලුම්බු
Back	බැක්	පිට	මුදුගු
Belly	බෙලි	බඩ	වයිරු
Bowels	බවල්ස්	බඩවැල්	කුඩල්
Waist	වෙස්ට්	ඉඟටිය	ඉඩෛ
Hip	හිප්	උකුල්ඇටේ	ඉඩුප්පු
Leg	ලෙග්	කකුල	කාල්
Thigh	තයි	කලව	තොඩෛ
Knee	නී	දනහිස	මුළංකාල්
Ankle	ඇන්කල්	ඇස්වටය	කණුක්කාල්
Foot	ෆුට්	පය	පාදම්
Heel	හීල්	විලුඹ	කුදිකාල්
Sole	සෝල්	පතුල	උළ්ළංකාල්
Toe	ටෝ	කකුලේ ඇඟිල්ල	කාල් විරල්
Skin	ස්කින්	හම	තෝල්
Flesh	ෆ්ලෙෂ්	මාංශ	මාම්සම්
Blood	බ්ලඩ්	ලේ	ඉරත්තම්
Bile	බයිල්	පිත	පිත්තම්
Sweat	ස්වෙට්	ඩාදිය	වේර්වෛ
Bone	බෝන්	ඇටය	එලුම්බු
Brain	බ්‍රේන්	මොල	මූළෛ

හවට් ටයිම් ඉසිට්?	දැන් කීයට ඇද්ද?
ඉට්ස් නව් එයිට් ඔක්ලොක්	දැන් අටයි
හවට් මන්ත් ඉස් දිස් ?	මේ මොන මාසයද ?
කම් ඇට් ටූ ඔක්ලොක්	දෙකට වරෙන්
දෙයර් ආර් ට්වෙන්ටි ෆෝර් අවර්ස් ඉන් අ ඩේ	දවසකට පැය 24 ක් තිබෙනවා
සික්ස්ටි මිනිට්ස් මේක් ඇන් අවර්	විනාඩි 60 එක් පැයයි
විල් හී කම් ඔන් මන්ඩේ?	ඔහු සඳුදා ඒවිද?
කම් දිස් ඊව්නින්	අද හැන්දෑවේ වරෙන්
ලෙට් හිම් කම් ටුමොරෝ	ඔහු හෙට ආවාවේ
හී ඉස් සෙවන් යියර්ස් ඕල්ඩ්	ඔහුට වයස හත් අවුරුද්දයි
අවර් බොඩීස් විල් ඩයි	අපේ ශරීර නසිනවා ඇති
ද සෝල් නෙවර් ඩයිස්	ප්‍රාණය කවදාවත් නසින්නේ නෑ
ලිෆ්ට් අප් යුවර් හෙඩ්	උඹේ ඉස කෙලින්කරපන්
යුවර් හෙයර් ඉස් ෂෝර්ට්	උඹේ ඉසකෙස් කොටයි
වොෂ් යුවර් ෆේස්	උඹේ මූණ සෝදගණින්
හී හැස් කට් හිස් නෝස්	ඔහුගේ නහය කපාගත්තා
ෂට් යුවර් අයිස්	උඹේ ඇස් පියාගණින්
හී හැස් ලොස්ට් හිස් සයිට්	ඔහුගේ ඇස්වල පෙණීම නැති කරගත්තා
වී ස්මෙල් විත් අවර් නෝස්	අපේ නාසෙන් අපි සුවඳ දැන ගන්නවා

වී ටේස්ට් වීත් අවර් ටං	අපේ දිවෙන් රස බලනවා
විත් හවට් ඩූ වී හියර්?	අපට ඇහෙන්නේ මොකෙන්ද?
හී ෂේව්ඩ් හිස් බියර්ඩ්	ඔහු තමාගේ රැවුල කැපුවා
ඩස් හී ෂේවයර් මුස්ටෑච්?	ඔහු උඩුරැවුල කපාගෙන ඉන්නවාද?
මයි ත්‍රෝට් ඉස් සෝර්	මගේ උගුර රිදෙනවා
අයි හර්ට් මයි ෂෝල්ඩර්	මගේ උරයට රිදුනා
ෂෝ මී යුවර් ආර්ම්ස්	උඹේ බාහු මට පෙන්වාපන්
හී හුක් මයි එල්බෝ	ඔහු මගේ වැලමිටට ගැසුවා
හී ප්‍රෙස්ට් මයි රිස්ට්	ඔහු මගේ මැණික්කටුව මිරිකුවා
ටච් යුවර් රයිට් හෑන්ඩ්	උඹේ දකුණත අල්ලාපන්
පුට් ඩවුන් යුවර් ලෙෆ්ට් හෑන්ඩ්	උඹේ වමත පහත හෙළාපන්
කට් යුවර් නේල්ස්	උඹේ නිය පොතු කපාගනින්
මයි බෙලි ඒක්ස්	මගේ බඩ රිදෙනවා
ගෝ ඩවුන් ඔන් යුවර් නීස්	දනින් වැටියන්
ඩූ නොට් ඩර්ට් යුවර් ෆීට්	උඹේ පාද කිළුටුකරගන්ට එපා
ෆ්ලෙෂ් ඉස් සොෆ්ට්	මස් බුරුලුයි
බෝන්ස් ආර් හාර්ඩ්	ඇට තදයි

Angel	ඒන්ජල්	දේවදූතයා	තේවතූදන්
Devil	ඩෙවල්	යක්ෂයා	පිසාසු
Relations	රිලේෂන්ස්	නෑයෝ	උරවර්ගල්
Family	fපැමිලි	පවුල	සම්සාරම
Ancestors	ඇන්සෙස්ටර්ස්	මුතුන්මුත්තෝ	මුට්පිදාක්කල්
Parents	පේරෙන්ට්ස්	මවුපියෝ	පිදාමාදා
Man	මෑන්	මනුෂ්‍යයා	මනුෂන්
Woman	වුමන්	ස්ත්‍රී	පෙණ්
Male	මේල්	පිරිමියා	ආණ්
Female	fපීමේල්	ගෑණි	පෙණ්
Youth	යූත්	යෞවනයා	වාලිපන්
Child	චයිල්ඩ්	ළමයා	පිළ්ළෛ
Infant	ඉන්fපැන්ට්	ළදරුවා	කුළන්දෛ
Grandfather	ග්‍රෑන්ඩ්fපාදර්	මුත්තා	පාට්ටනාර්
Grandmother	ග්‍රෑන්ඩ්මදර්	ආච්චි	පාට්ටියාර්
Father	fපාදර්	පියා	තගප්පන්
Mother	මදර්	මවු	තාය්
Father's Brother	fපාදර්ස් බ්‍රදර්	බාප්පා	සිරිය තගප්පන්
Mother's Brother	මදර්ස් බ්‍රදර්	මාමා	අම්මාන්
Father's Sister	fපාදර්ස් සිස්ටර්	නැන්දා	මාමියාර්
Mother's Sister	මදර්ස් සිස්ටර්	කුඩම්මා	සිරියතායි

Daughter	ඩෝටර්	දුව	මහල්
Brother	බ්‍රදර්	සහෝදරයා	සහෝදරන්
Elder Sister	එල්ඩර් සිස්ටර්	අක්කා	තමක්කෛ
Sister	සිස්ටර්	සහෝදරී	සගෝදරී
Elder Brother	එල්ඩර් බ්‍රදර්	අයියා	අණ්ණන්
YoungerBrother	යංගර් බ්‍රදර්	මලයා	තම්බි
Younger Sister	යංගර් සිස්ටර්	නගා	තංගෛ
Cousin	කසින්	මස්සිනා	මෛත්තුනර්
Nephew	නෙවූ	බෑනා	මරුමගන්
Niece	නීස්	ලේලි	මරුමගල්
Grand-daughter	ග්‍රාන්ඩ්ඩෝටර්	මිනිබිරි	පේත්ති
Father-in-law	fපාදර් ඉන්ලෝ	මාමා	මාමනාර්
Mother-in-law	මදර් ඉන්ලෝ	නැන්දම්මා	මාමියාර්
Step-father	ස්ටෙප්fපාදර්	කුඩප්පා	මා ට් ටා න් ත ගප්පන්
Step-mother	ස්ටෙප් මදර්	කුඩම්මා	මාට්ටාන් තායි
Widow	විඩෝ	කනවැන්දුම්	කෛම්පෙණ්
Widower	විඩෝවර්	කනවැන්දුමා	විදුරන්
Master	මාස්ටර්	ස්වාමියා	එජමාන්
Mistress	මිස්ට්‍රෙස්	ස්වාමිදූ	එජමාට්ටි
Ayah	ආයා	ආයා	ආයාල්

Cook	කුක්	අරක්කැමියා	සමයල්කාරන්
Diseases	ඩිසීසස්	ලෙඩ	වියාදිගල්
Cold	කෝල්ඩ්	ප්‍රතිශ්‍යාව	තඩිමල්
Cough	කෆ්	කැස්ස	ඉරුමල්
Fever	ෆීවර්	උණ	කාච්චල්
Dysentery	ඩිසෙන්ට්රි	අතිසාරය	ඉරත්තක් කලිච්චල්
Cholera	කොලරා	ජලසන්නිය	කොදුරික් කලිච්චල්
Boil	බොයිල්	ගඩ ගෙඩිය	කට්ටි
Sore	සෝර්	වණේ	පුන්
Itch	ඉච්	හොරි	සිරංගු
Cleanliness	ක්ලීන්ලිනෙස්	පිරිසිදුකම	සුත්තම්
Leprosy	ලෙප්‍රසි	කුෂ්ඨරෝගය	කුට්ට රෝගම්
Small-pox	ස්මාල්පොක්ස්	වසූරිය	වයිසූරියම්
Vaccination	වැක්සිනේෂන්	අත්විදීම	වසූරියප් පාල් කට්ටුදල්
Wound	වූන්ඩ්	තුවාලය	කායම්
Poison	පොයිසන්	විෂ	නංජු
Medicine	මෙඩිසින්	බෙහෙත්	මරුන්දු
Ointment	ඔයින්ට්මෙන්ට්	තෛලය	තෛලම්
Vomit	වොමිට්	වමනේ කරනවා	සත්ති යෙඩුත්තල්
Purge	පර්ජ්	පාවනය කරනවා	භේදි පන්නුදල්
Health	හෙල්ත්	සනීපය	සුගම්

ද ඩිනර් ඉස් ඔන් ද ටේබල්	කෑම මේසේට ගෙණත් තිබෙනවා
වෙයර් ආර් කියුකම්බර්ස් සෝල්ඩ් ?	පිපිඤ්ඤා විකුණන්නේ කොහේද ?
බටර් ඉස් නව් ස්කෙයර්ස්	දැනට වෙඩරු දුර්ලභයි
ඩූ යූ ලයික් අනියන්ස් ?	උඹ ලූනුවලට කැමතිද ?
හව්මච් පෙපර් ඩූ යූ වන්ට් ?	උඹට ගම්මිරිස් කොච්චර ඕනෑද ?
හී ඉස් වෙරි ෆොන්ඩ් ඔෆ් ස්වීට් මීට්ස්	ඔහු රස කැවිලිවලට බොහොම මනාපයි
ඩූ නොට් ස්මෝක් සිගාර්ස්	සුරුට්ටු බොන්නට එපා
නෙවර් චූ ටුබැකෝ	කවදාවත් දුම්කොළ කන්ට එපා
ගෙට් සම් මිල්ක් ෆෝර් ද ටී	තේවතුරට කිරි ටිකක් ගෙණෙන්
ෂී මේක්ස් ගුඩ් හොපර්ස්	ඈ හොඳ ආප්ප පුලුස්සනවා
ඉසිට් ෂුගර් ඕර් ජගරි ?	සීනිද නොහොත් හකුරුද ?
ඩූ නොට් ලර්න් ටු චූ බීට්ල්	බුලත් කන්ට පුරුදුවෙන්ට එපා
ද මැංගෝස් ආර් නව් රයිප්	අඹ දැන් ඉදිලායි
ඩූ නොට් ඊට් අන්රයිප් ෆෲට්ස්	නොඉදුණු පලතුරු නොකන්
ඩූ යූ විෂ් ඇන් ඔරේන්ජ් ඕර් එ ගුවාවා?	තුඹ කන්ට කැමති දොඩමක්ද නොහොත් පේරගෙඩියක්ද?

Clothes	ක්ලෝත්ස්	රෙදි	වස්තිරංගළ්
Rags	රැග්ස්	වැරහැලි	පීටවිටුණී
Cotton	කොටන්	කපු	පඤ්ජු
Linen	ලිනන්	හණරෙදි	සණනූඩ් පුඩවෛ
Umbrella	අම්බ්‍රෙල්ලා	කුඩේ	කුඩෛ
Turban	ටර්බන්	තලප්පා	තලෛප්පාගෛ
Cap	කැප්	තොප්පිය	කුල්ලා
Comb	කෝම්බ්	පනාව	සීප්පු
Earring	ඉයරිං	කඩුක්කම	කඩුක්කන්
Beads	බීඩ්ස්	පබලු	මණි
Razor	රේසර්	කඩකැත්ත	යවරගන් කත්ති
Cravat	ක්‍රැවැට්	දූසිය	කළුත්තුක් කුට්ටෛ
Veil	වේල්	මූණුවැස්ම	මුට්ටාක්කු
Shirt	ෂර්ට්	කමිසය	උම්සට්ටෛ
Shift	ෂිෆ්ට්	චෝලිය	සට්ටෛ
Stud	ස්ටඩ්	කමිසබොත්තම	කුමිළ්පදි
Cloak	ක්ලෝක්	උතුරුසළුව	නෙඩුම්අංකි
Shawl	ෂාල්	සාළුව	සාල්වෛ
Coat	කෝට්	කබාය	නෙඩුංසට්ටෛ
Jacket	ජැකට්	ජැකැට්ටුව	සට්ටෛ
Vest	වෙස්ට්	ඇඳුම	උඩුප්පු
Cloth	ක්ලෝත්	රෙද්ද	සීලෛ
Gown	ගවුන්	ගවුම	පාවාඩෛ
Sleeve	ස්ලීව්	කමිසඅත	සට්ටෛයින්කෛ

Hair-Pin	හෙයර් පින්	කූර	කොණ්ඩෙඌසි
Bracelet	බ්‍රේස්ලෙට්	වළල්ල	කාප්පු
Bangle	බැංගල්	වළල්ල	වලෛයල්
Gloves	ග්ලවුස්	අත්මේස්	කෛයුරෛ
Fan	fපෑන්	අවානය	විසිරි
Handkerchief	හැන්ඩ්කර්චිෆ්	ලේන්සුව	ලේන්ජු
Napkin	නැප්කින්	තුවාය	තුවාලෛ
Stick	ස්ටික්	සැරයටිය	කෝල්
Pocket	පොකට්	සාක්කුව	ජේප්පු
Button	බට්න්	බොත්තම	බොත්තාන්
Watch	වච්	ඔර්ලෝසිය	කඩියාරම්
Chaiu	චේන්	දම්වැල	සංගිලි
Ribbon	රිබන්	පටිය	නාඩා
Girdle	ගර්ඩල්	ඉඟපටිය	අරෛකච්චෛ
Belt	බෙල්ට්	බඳපටිය	පට්ටි
Drawers	ඩ්‍රාවර්ස්	කොටකලිසම	උට්සට්ටෛ
Purse	පර්ස්	කූරපසිය	පණප්පෛ
Towel	ටවල්	තුවාය	තුවාලෛ
Stockings	ස්ටොකිංස්	දිගමේස්	නෙඩුංකාලුරෛ
Socks	සොක්ස්	කොටමේස්	කට්ටෛකාලුරෛ
Boots	බූට්ස්	දිගසපත්තු	නෙඩුංසපාත්තු
Shoes	ෂූස්	සපත්තු	සප්පාත්තු
Slippers	ස්ලිපර්ස්	චිනේල	මිදියඩි
Sandals	සැන්ඩල්ස්	මිරිවැඩි	සෙරුප්පු

මයි ක්ලෝත්ස් ආර් මේඩ් ඔෆ් කට්න්	මගේ ඇඳුම් කපුනූල්වලින් සාදා තිබෙනවා
දිස් ඉස් එ ලිනන් ෂර්ට්	මේක හනරෙදි කමිසයකි
මයි අම්බ්‍රෙල්ලා ඉස් බ්‍රෝකන්	මගේ කුඩේ කැඩුනා
අයි හැව් ලොස්ට් මයි හැන්ඩ්කර්චිෆ්	මගේ ලේන්සුව නැතිවුනා
ගර්ල්ස් ලයික් බීඩ්ස්	ගැණුලමයි පබලුවලට කැමතියි
ෂී වෝර් එ වේල්	ඇ මූණුවැස්මක් ඇඳගණ සිටියා
ද ස්ලීව් ඉස් ටෝර්න්	කමිස අත ඉරුණ
හට් ඉස්ද යූස් ඔෆ් බැංගල්ස්!	වළලුවලින් ඇති ප්‍රයෝජනය මොකද?
එ වච් ඉස් වෙරි යූස්ෆුල්	ඔර්ලෝසියක් ඉතා ප්‍රයෝජනයි
අයි බෝට් එ ජැකට්	මම බාච්චියක් මිලේට ගත්තෙමි
හෙවයර් ඩිඩ් යූ ගෙට් දැට් බෙල්ට්?	තුඹ ඔය බඳපටිය ගත්තෙත් කොතනින්ද?
ඩූ යූ සෙල් සොක්ස්?	තුඹ කොට මේස් විකුණන්නෙ හිද?
අයි විෂ් ටු බයි ඒ චේන්	මම දම්වැලක් මිලේට ගන්ට කැමතියි
හවයි ඩූ යූ වෙයර් ඉයරිං?	තුඹ කඩුක්කන් ලාගණ ඉන්නේ මන්ද?
සෙන්ඩ් මයි ෂූස් හෝම්	මගේ සපත්තු ගෙදරට යවාපන්

Food	ෆූඩ්	කෑම	පෝසනම්
Hungry	හංග්‍රි	බඩගිනිඇත්තාවූ	පසියුල්ල
Thirsty	තර්ස්ටි	පිපාස ඇත්තාවූ	තාගමුල්ල
Breakfast	බ්‍රෙක්ෆස්ට්	උදේ කෑම	කාලෙලපෝසනම
Tiffin	ටිෆින්	අතුරුපස	පගවිපෝසනම්
Dinner	ඩිනර්	සවස්කෑම	මත්තියාන සාප්පාඩු
Supper	සපර්	රාත්‍රි කෑම	ඉරාප්පෝසනම්
Fry	ෆ්‍රයි	බදිනවා	පොරිත්තල්
Stew	ස්ටූ	උයනවා	සණ්ඩුදල්
Roast	රෝස්ට්	පුලුස්සනවා	සුඩුදල්
Boil	බොයිල්	තම්බනවා	අවිත්තල්
Chew	චූ	හපනවා	මෙල්ලුදල්
Eat	ඊට්	කනවා	සාප්පිඩුදල්
Drink	ඩ්‍රින්ක්	බොනවා	කුඩිත්තල්
Swallow	ස්වලෝ	ගිලිනවා	විළුගුදල්
Dish	ඩිෂ්	තැටිය	වට්ටිල්
Plate	ප්ලේට්	පිඟාන	පිඟාන්
Saucer	සාසර්	පිරිසිය	පිරිස්
Cup	කප්	කෝප්පේ	කෝප්පෙ
Paddy	පැඩි	වී	නෙල්ලු
Rice	රයිස්	හාල්	අරිසි
Boiled Rice	බොයිල්ඩ් රයිස්	බත්	සෝරු
Conjee	කන්ජි	කැඳ	කංජි

Sauce	සාස්	ඉස්ම	කුළම්බු
Curry	කරී	මාලුව	කරි
Fowl Curry	fපව්ල්කරි	කුකුල්මාලුව	කොළික්කරි
Vegetable-Curry	වෙජ්ටෙබල් කරි	එළවලු මාලු	මරක්කරි
Coconut	කොකනට්	පොල්	තේංගාය්
Cucumber	ක්‍යූකම්බර්	පිපි[illegible]	වෙල්ළරිකාය්
Pumpkin	පම්ප්කින්	වට්ටක්කා	පරංගික්කාය්
Brinjal	බ්‍රින්ජල්	වම්බටු	කත්තිරික්කායි
Plantain	ප්ලැන්ටන්	කෙසෙල්ගෙඩි	වාළෛක්කාය්
Breadfruit	බ්‍රෙඩ්fෲට්	රටදෙල්	ඊරප් පිලාක්කායි
Jak	ජැක්	කොස්	පිලාක්කායි
Potatoe	පොටේටෝ	අර්තාපල්	උරුළෛකිළංගු
Yam	යැම්	අල	කිළංගු
Nachery	නැචරි	කුරක්කන්	කේළ්වරගු
Gram	ග්‍රෑම්	කඩල	කඩලෛ
Tamarind	ටැමරින්ඩ්	සියඹලා	පුළියම්පළම්
Turmeric	ටර්මෙරික්	කහ	මංජළ්
Pepper	පෙපර්	ගම්මිරිස්	මිළගු
Chillies	චිලීස්	රටමිරිස්	කොච්චිකායි
Nutmeg	නට්මෙග්	සාදික්කා	සාදික්කාය්
Mace	මේස්	වසාවාසි	සාදිපත්තිරි
Cardamons	කාර්ඩමන්ස්	එන්සාල්	ඒලම්

Ginger	ජින්ජර්	ඉඟුරු	ඉංජි
Lime	ලයිම්	දෙහි	තේසික්කායි
Onion	අනියන්	ලූනු	වෙංගායම්
Mustard	මස්ටර්ඩ්	අබ	කඩුගු
Ghee	ගී	දුන්තෙල්	නෙය්
Butter	බටර්	වෙඬරු	වෙණ්ණෙය්
Flour	fප්ලවර්	පිටි	මාවු
Leaven	ලෙවින්	මුහුන්	පුළිත්ත මාවු
Bread	බ්‍රෙඩ්	පාං	රොට්ටි
Loaf	ලෝfප්	පාංගෙඩිය	අප්පම්
Slice	ස්ලයිස්	පෙත්ත	තුණ්ඩු
Hoppers	හොපර්ස්	ආප්ප	ආප්පම්
Cake	කේක්	කැවුම	පණියාරම්
Sweetmeats	ස්වීට්මීට්ස්	රස කැවිලි	පලගාරම්
Meat	මීට්	මස්	ඉරෛච්චි
Beef	බීfප්	හරක්මස්	මාට්ටිරෛච්චි
Veal	වීල්	වහුමස්	කණ්ඩිරෛච්චි
Mutton	මටින්	එළුමස්	ආට්ටිරෛච්චි
Pork	පෝර්ක්	ඌරුමස්	පණ්ඩිරෛච්චි
Fowl	fපවුල්	කුකුළා	කෝළි
Chicken	චිකන්	කුකුල්පැටියා	කෝළික්කුංජු
Duck	ඩක්	තාරාවා	තාරා
Goose	ගූස්	පාත්තයා	වාත්තු

Milk	මිල්ක්	කිරි	පාල්
Cheese	චීස්	කේජු	පාලාඩෙයිකට්ටි
Cream	ක්‍රීම්	යොඩ	පාල ආඩෙයි
Tea	ටී	තේ	තේයිලේ
Coffee	කෝපි	කෝපි	කෝපි
Sugar	ෂුගර්	සීනි	සීනි
Jaggery	ජගරි	හකුරු	කරුප්පුක් කට්ටි
Water	වෝටර්	වතුර	තන්නීර්
Wine	වයින්	මිදිපුස	මුද්දිරිප්පලයි රසම්
Beer	බියර්	බීර	බීර්
Toddy	ටොඩි	රා	කල්ලු
Arrack	ඇරැක්	අරක්කු	සාරායම්
Betel	බීටල්	බුලත්	වෙට්ටිලෙයි
Areca-nut	ඇරිකනට්	පුවක්	පාක්කු
Cigar	සිගාර්	සුරුට්ටු	සුරුට්ටු
Tobacco	ටුබැකෝ	දුම්කොළ	පුගෙයිලෙයි
Snuff	ස්නෆ්	දුම්කුඩු	මූක්කුත්තූල්
Orange	ඔරේන්ජ්	පැණිදොඩම්	තේත් තොඩින් පලම්
Guava	ගුවාවා	පේර	කොයියාප්පලම්
Mango	මැන්ගෝ	අඹ	මාම්පලම්
Pine Apple	පයිනැපල්	අන්නාසි	අන්නාසිපලම්
Papaw	පැපා	පැපොල්	පප්පක්කා පලම්

අයි ඇම් වෙරි හංග්‍රි	මට බොහොම බඩගිනියි
හෞට් ඩු යූ විෂ් fපෝර් බ්‍රෙක්fපස්ට්?	උඹ උදේ කෑමටගන්ට කැමති මොනවාද?
ඉස් ඩිනර් රෙඩි?	රෑ කෑම සූදානම්ද?
ෂැල් වී හැව් සපර්?	අපි රාත්‍රී කෑම ගනිමුද?
fප්‍රයි දීස් ප්ලෑන්ටන්ස්	මේ කෙසෙල්ගෙඩි බැදපන්
ස්ටූ දැට් fපව්ල්	අර කුකුළා උයාපන්
රෝස්ට් ද බීfප්	හරක්මස් කෑල්ල පුලුස්සාපන්
බොයිල් ද පොටේටෝස්	අර්තාපල් තම්බාපන්
අයි කෑන් නීදර් ඊට් නෝර් ඩ්‍රින්ක්	මට කන්ටවත් බොන්ටවත් බැහැ
දෙයර් ඉස් ප්ලෑන්ටි ඔfප් fපිෂ් ටුඩේ	අද මාලූ බොහොම තියෙන්නා
දීස් එග්ස් ආර් නොට් ගුඩ්	මේ තැම්බිලි හොඳ නැහැ
ගිව් මී ඒ ස්ලයිස් ඔfප් බ්‍රෙඩ්	මට පාං පෙත්තක් දියන්
ද රයිස් ඉස් නොට් වෙල් බොයිල්ඩ්	බත් හොඳට ඉදිලා නැහැ
දිස් කරි ඉස් වෙරි හොට්	මේ මාලුව කටදනවා වැඩියි
කොකනට්ස් ආර් නව් ඩියර්	දැනට පොල් අලාභයි
හී ඉස් ඕල්වේස් චූයිං ජින්ජර්	ඔහු හැමවෙලේම ඉඟුරු හපන[වා
මේක් බ්‍රින්ජාල් කරි	වම්බටු මාලු උයාපන්
ලෙට් මී හැව් සම් කෝfපි	මට කෝපි ටිකක් දියන්
බොයිල් ඒ කප්ල් ඔfප් එග්ස්	කිකිළි බිජු දෙකක් තම්බාපන්

ක්ලෑන්ලිනෙස් ප්‍රිවෙන්ට්ස් ඉච්	පිරිසිදුකමින් හොරි වළක්වයි
වැක්සිනේෂන් ප්‍රිවෙන්ට්ස් ස්මාල්පොක්ස්	අත්විදීමෙන් වසූරිය වළක්වයි
ලෙප්‍රසි කැනොට් බි කියුර්ඩ්	කුෂ්ඨ රෝගය සුවකළ නොහැකිය
සික්නෙස් කම්ස් ටු අල්	සියල්ලන්ටම රෝග පැමිණේ
ටේක් මෙඩිසින් හෙවන් සික්	ලෙඩින් සිටිනවිට බෙහෙත් ගණින්
හස්බැන්ඩ්ස් ලව් යුවර් වයිව්ස්	පුරුෂයෙනි තුඹලාගේ භාර්‍යාවන්ට ආදරේ කෙරෙල්ලා
ඔනර් යුවර් පේරෙන්ට්ස්	තුඹලාගේ මවුපියන්ට ගෞරව කරපල්ලා
ඩිඩ් යුවර් මදර් එලව් යූ?	තුඹේ මවු තුඹට අවසර දුන් නාද?
හෙවයර් ඉස් යුවර් fපාදර්?	තුඹේ පියා කෝ?
අයි වැන්ට් ටු සී මයි අංකල්	මම මගේ මාමා බලන්ට ගියෙමි
මයි ඇන්ට් ඉස් වෙරි සික්	මගේ නැන්දට බොහොම අසනීපයි
හිස් නීස් ඉස් ඩෙඩ්	එහුගේ ලේලි මළා
ටේක්කෙයාර් ඔfජ යුවර් යංගර් බ්‍රදර්	තුඹේ මලයා ප්‍රවේසම් කර ගණින්

Houses	හවුසස්	ගෙවල්	වීඩුගළ්
Church	චර්ච්	දෙවස්ථානය	කෝවිල්
Temple	ටෙම්පල්	දේවාලය	තේවාලයම්
Mosque	මොස්ක්	මරක්කලපල්ලිය	පළ්ළිවාසල්
Priest's House	ප්‍රීස්ට්ස්හවුස්	පන්සල	ගුරුවාසම්
Hut	හට්	පැල	කුඩිල්
Shed	ෂෙඩ්	පන්දලම	පන්දල්
Rest-shed	රෙස්ට් ෂෙඩ්	අම්බලම	තිළට් පන්දල්
Rest-house	රෙස්ට්හවුස්	තානායම	මඩම්
Cottage	කටේජ්	පැල	කුඩිසෛ
Bungalow	බංගලෝ	බංගලාව	බඟළා
Mansion	මැන්ෂන්	වලව්ව	මාළිගෛ
Palace	පැලස්	මාලිගාව	අරන්මනෛ
Office	ඔෆිස්	කන්තෝරුව	කන්තෝරු
Workshop	වර්ක්ෂොප්	පට්ටලේ	තොළිල්සාලෛ
Ware-house	වෙයර්හවුස්	ගුදම	පණ්ඩගසාලෛ
Prison	ප්‍රිසන්	හිරගෙය	මරියල්වීඩු
Compound	කම්පවුන්ඩ්	මිදුල	මුට්ටම්
Verandah	වෙරන්ඩා	බරාඳේ	සාලෛ
Dining-room	ඩයිනිංරූම්	කෑම කන ශාලාව	පෝජනසාලෛ
Hall	හෝල්	ශාලාව	සාලෛ
Bed-room	බෙඩ්රූම්	සැතපෙන ගෙය	සයනවරෛ

Cook-room	කුක්රූම්	උයන ගේ	සමයල් වීඩු
Fire	ෆයර්	ගින්න	නෙරුප්පු
Fire-place	ෆයර්ප්ලේස්	ලිප	අඩුප්පු
Closet	ක්ලොසට්	ඇතුල්ගේ	උල්ලරෙ
Bath-room	බාත් රූම්	නාන ගේ	මුළුගුම්ඩම්
Store	ස්ටෝර්	ගුදම	පණ්ඩග සාලෙ
Fowl-house	ෆවුල්හවුස්	කුකුල්ගේ	කෝළික්කූඩු
Bricks	බ්‍රික්ස්	ගඩොල්	සෙංකල්
Brick-kiln	බ්‍රික්කිල්	පෝරණුව	සෙංකල්සූලෙ
Stable	ස්ටේබල්	ඝනාලේ	කුදිරෙලායම්
Stall	ස්ටෝල්	පට්ටිය	කොට්ටිල්
Cement	සිමෙන්ට්	බදාම	සිමෙන්දු
Mortar	මෝර්ටර්	හුණුබදාම	සාන්දු
White-wash	වයිට්වෂ්	හුණුගානවා	වෙළ්ළෙයඩි
Lime	ලයිම්	හුණු	සුණ්ණාම්බු
Mud	මඩ්	මඩ	සේරු
Stones	ස්ටෝන්ස්	ගල්	කල්ලු
Foundation	ෆවුන්ඩේෂන්	අත්තිවාරම	අස්තිවාරම්
Floor	ෆ්ලෝර්	ගෙබිම	තරෙ
Arch	ආර්ච්	ආර්කුව	විල්වළෙවු
Corner	කෝර්නර්	මුල්ල	මූලෙ
Stair	ස්ටෙයර්	ඉනිමඟ	ඒණි
Step	ස්ටෙප්	පඩිය	පඩි
Roof	රූෆ්	[illegible]	තාළ්වාරම්

Ridge-piece	රිජ්පීස්	මුදුන්යටලීය	මුගඩු
King-post	කිංපෝස්ට්	කුරුපාව	කුරුක්කුවරෙලවු
Rafter	රැෆ්ටර්	පරාලය	කෛමරම්
Wall-plate	වෝල්ප්ලේට්	යටලීය	වළෛ
Laths	ලැත්ස්	රිප්පය	වරිච්චු
Tiles	ටයිල්ස්	උළු	ඔඩු
Ceiling	සිලිං	වියන	මච්චු
Straw	ස්ට්‍රෝ	පිදුරු	වෛක්කෝල්
To thatch	වූ තැච්	සෙවිල්ලනවා	වීඩුමෙයිත්තල්
Door	ඩෝර්	දොර	කදවු
Door-post	ඩෝර්පෝස්ට්	උළුවස්ස	කදවුනිලෛ
Door-frame	ඩෝර්ෆ්‍රේම්	උළුවස්ස	කදවුනිලෛ
Door-way	ඩෝර්වේ	දොරකඩ	වාසල්
Lintel	ලින්ටල්	උඩපඩිය	කදවුනිලෛලයින් මේලුත්තිරම්
Nail	නේල්	ඇණේ	ආණි
Lock	ලොක්	යතුරුතහඩුව	පූට්ටු
Key	කී	යතුර	සාවි
Bolt	බෝල්ට්	අගුල	පූට්ටුතාවු
Bar	බාර්	දොරේ අගුල	තාල්පාල්
Hinge	හින්ජ්	අසවුව	පිනයල්
Window	වින්ඩෝ	කවුළුව	සාලරම්
Shutter	ෂටර්	කවුළුපෙත්ත	කදවුමූඩි
Shelf	ෂෙල්ෆ්	රාක්කේ	තට්ටු

Pillar	පිලර්	කුලුන	තූණ් [වරි
Clothes-line	ක්ලෝත්ස්ලයින්	පිළිඅත	උඩිප්පුවෛකිර
Post	පෝස්ට්	කණුව	කාල්
Ashes	ඈෂස්	අළු	සාම්බල්
Ditch	ඩිච්	අගල	කිඩගු
Well	වෙල්	ළිඳ	කිණරු
Pond	පොන්ඩ්	පොකුණ	කුළම්
Tank	ටෑන්ක්	විල	කුළම්
Gate	ගේට්	දොරටුව	වාසල්
Entrance	එන්ට්‍රන්ස්	වාසල	වාසල්නඩෙ
Ferry	ෆෙරි	තොටුපල	තුරෛ
Bridge	බ්‍රිජ්	පාලම	පාලම්
Road	රෝඩ්	පාර	වළි
Street	ස්ට්‍රීට්	වීථිය	තෙරු
Lane	ලේන්	පටුමාවත	මුඩුක්කු
Bazaar	බසාර්	කඩේ	කඩෙ
Village	විලේජ්	ගම	කුරිච්චි, ක්‍රාමම්
Town	ටවුන්	පුරය	පට්ටණම්
City	සිටි	නුවර	නගර්
Land-lord	ලෑන්ඩ්ලෝර්ඩ්	ගම්කාරයා	ඇස්තිකත්[රන්
Owner	ඕනර්	අයිතිකාරයා	සොන්දක්කා
Tenant	ටෙනැන්ට්	බදුකාරයා	ඉරච්චිකුඩි

	[මෙකිද?
ඩිඩ් යූ එවර් සී ද ටෙම්පල් ?	උඹ කවදාවත් දේවාලය දුටු
මූර්මැන් ගෝ ටු මොස්ක්ස්	මරක්කල මිනිස්සු මරක්කල පල්ලිවලට යති
කිංග්ස් ලිව් ඉන් පැලෙසස්	රජවරු මාලිගාවල වසති
දිස් ඉස් ඒ වෙරි ස්මෝල් හවුස්	මේක ඉතා කුඩා ගේයි
බෑඩ් මෙන් ආර් පුට් ඉන් ප්‍රිසන්	නපුරු මනුෂ්‍යයෝ සිරගෙයි දමනු ලබති
ඉස්ද රූම් එම්ප්ටි ?	කාමරය හිස්ව තිබෙනවාද ?
දෙයර් ඉස් ඒ වෙල් ඉන් ද කම්පවුන්ඩ්	මිදුලේ ළිඳක් තිබෙනවා
ද වෙරන්ඩා හැස් සික්ස් පිලර්ස්	බරාඳේට කුළුනු හයක් තිබෙනවා
ටේක් ද හෝර්ස් ටු ද ස්ටේබල්	අශ්වයා සතාලයට ගෙනියාපන්
පුට් වෝටර් ඉන් ද බාත්	නාන ගෙයි වතුර පුරවාපන්
ෂට් ද f්වුල් හවුස්	කුකුල් ගේ වහපන්
වෙයර් ඉස් ද කී ඔf් ද ක්ලොසෙට්?	ඇතුල් ගෙයි යතුර කෝ!
ද බ්‍රික්කිල් ඉස් බර්නිං	ගඩොල් පොර්ණුව දනවා
ඉස් ද මෝර්ටාර් ටූ තික්!	බදුම දූඩිව වැඩිවාද?

දැට් බීම් ඉජ් වෙරි ස්ට්‍රෝං	අර බාල්කය ඉතාම සවියි
ද රැෆ්ටර්ස් ඇර් ඔෆ් ටීක්	ඒ පරාල තේක්ක ලීයි [නේද?
හවට් ඉස් ද කිංපෝස්ට්?	කුරුපාවය කියන්නේ මො
සම් ටයිල්ස් ආර් බ්‍රෝකන්	උළුවලින් සමහරක් බිඳී තිබෙනවා
නිව් සීලිං ඉස් වොන්ටඩ්	අලුත් වියනක් ඕනෑව තිබෙනවා
ද රූෆ් නීඩ්ස් ටු බී තැච්ට්	පියස්ස හෙවිල්ලන්ට ඕනෑ
වන් හිංජ් ඉස් බ්‍රෝකන්	එක අසව්වක් බිඳිලා තිබෙනවා
පොයින්ට් ටු ද ලින්ටල් ඔෆ් ද ඩෝර්	දොරේ උඩපඩිය පෙන්නාපන්
ඕපන් ද ෂටර්ස්	කවුළු දොරවල් ඇරපන්
හව් මෙනි වින්ඩෝස් හැස් ද හවුස්?	ඒ ගෙදරට කවුළු කීයද? [මද?
වෙයර් ඩිඩ් යූ ත්‍රෝ ද ඈෂස්?	උඹ අලු විසිකළේ කොතන
දිස් ඩිච් ඉස් ඩීප්	මේ අගල ගැඹුරුයි
ද බෝර්න් ඉස් ෆුල් ඔෆ් වෝටර්	අගල වතුරෙන් පිරිලයි [නවා
හිලිව්ස් ඉන් හිං ස්ප්‍රිට්	ඔහු රජවිපිණයේ උදිංවිව සිටී
ඒ සිටි ඉස් ලාර්ජර් දෑන් ඒ විලේජ්	ගමකට වඩා නුවරක් විශාලයි

Money	මනි	මුදල්	පණම්
Cent	සෙන්ට්	ශතය	සදම්
Farthing	fපාර්දින්	පාර්දිම	ඉරණ්ඩු සෙබුව් [වල්ලි
Pice	පයිස්	තුට්ටුව	ඔරු තුට්ටු
Fanam	fපැනැම්	පණම	ඔරු පණම්
Sixpence	සික්ස්පෙන්ස්	පැන්සහය	නාලු පණම්
Shilling	සිලිං	සිලිම	ඔරු සිලින්
Dollar	ඩොලර්	පතාගය	ඔරු ඉරයාල්
Rupee	රුපි	රුපියල	ඔරු රූපායි
Pound	පවුන්ඩ්	පවුම	ඔරු පවුන්ඩ්
Note	නෝට්	නෝට්ටුව	නෝට්ටු
Sovereign	සොවිරෙන්	රත්රන්පවුම	ඔරු තගප්පවුඩ්
Length	ලෙන්ග්ත්	දිග	නීලම්
Breadth	බ්‍රෙඩ්ත්	පලල	අගලම්
Inch	ඉන්ච්	අඟල	අඟුලම්
Foot	fපුට්	අඩිය	අඩි
Cubit	ක්‍යුබිට්	රියන	මුලම්
Yard	යාර්ඩ්	යාරුව	ඉරණ්ඩුමුලම්
Fathom	fපැදම්	බඹේ	පාගම්
Furlong	පර්ලෝං	හැතැප්මෙන් $\frac{1}{8}$ පංගුව	ඔරු මෛලින් එට්ටොරු පංගු
Mile	මයිල්	හැතැප්ම	මෛල්
League	ලීග්	හැතැක්මතුණ	මූණ්ඩුමෛල්

Furniture	fපර්නිචර්	ලිබඩු	චිට්චු තට්ටුමුට්ටා
Couch	කවුච්	කවිච්චිය	සයායිමයෙණ
Cushion	කුෂින්	කොට්ටේ	මෙත්තෛ
Palanquin	පැලැන්කිං	දෝලාව	පල්ලාක්කු
Stool	ස්ටූල්	පාපුටුව	වාංකු
Screen	ස්ක්‍රීන්	රෙදිවැට	තට්ටි
Easy-chair	ඊසිචෙයර්	දිගාවෙන පුටුව	සායිර පුටුවම
Arm-chair	ආර්ම්චෙයර්	අත්පුටුව	නාට්කාලි
Bed	බෙඩ්	ඇඳ	කට්ටිල්
Blanket	බ්ලැන්කෙට්	කම්බිලිය	කම්පිළි
Sheet	ෂීට්	ඇතිරිල්ල	කට්ටිල්තුප්පට්ටි
Curtain	කර්ටෙන්	තිරය	තිරෛච්චිලෛ
Mattress	මැට්‍රෙස්	මෙත්තෙ	මෙත්තෛ
Pillow	පිලෝ	කොට්ටේ	තලෛයණෛ
Pillow-case	පිලෝකේස්	කොට්ටඋරය	තලෛයණෛ [උරෛ
Basin	බේසින්	තැටිය	කිණ්ණි
Tooth-brush	ටූත්බ්‍රෂ්	දත්මදිනකොස්ස	පට්කුච්චු
Tumbler	ටම්බ්ලර්	තඹලේරුව	කුඩිපාත්තිරම්
Looking-glass	ලුකිංග්ලෑස්	කන්නාඩිය	කණ්ණඩි
Bottle	බොට්ල්	බෝතලේ	බෝත්තල්
Spoon	ස්පූන්	හැන්ද	අගප්පෛ
Firewood	fපයර්වුඩ්	දර	විරගු
Oven	අවන්	උදුන	අඩුප්පු

Kettle	කෙට්ල්	කේතලේ	කේතල්
Mortar	මෝර්ටර්	වංගෙඩිය	උරල්
Pestle	පෙස්ල්	මෝල්ගහ	උලක්කෙ
Sieve	සීව්	පෙනේරේ	අරිතට්ටු
Basket	බාස්කෙට්	බටපොතුපෙට්ටිය	පෙට්ටි
Sack	සැක්	මල්ල	උමල්
Bag	බෑග්	ගෝණිය	සාක්කු
Arecanut-cutter	ඇරිකනට් කටර්	ගිරේ	පාක්කුවෙට්ටි
Coconut-scraper	කොකනට් ස්ක්‍රේපර්	හිරමනේ	තුරුවුමනෙ
Betel-bag	බිටල්බෑග්	බුලත්පයිය	වෙට්ටිලෛප්පෙ
Tooth-pick	ටූත්පික්	දත්කටුව	පල්කුත්ති
Cage	කේජ්	කූඩුව	කූඩු
Trunk	ට්‍රන්ක්	පෙට්ටගම	පෙට්ටගම්
Box	බොක්ස්	පෙට්ටිය	පෙට්ටි
Lid	ලිඩ්	පියන	මූඩි
Broom	බෲම්	මුස්න, ඉලපත	විළක්කුමාරු
Brush	බ්‍රෂ්	කොස්ස	තුඩෛප්පම්
Needle	නීඩ්ල්	ඉඳිකටුව	ඌසි
Pin	පින්	අල්පෙනෙත්තිය	කුණ්ඩූසි
Scissors	සිසර්ස්	කතුර	කත්තරික්කෝල්
Ladder	ලැඩර්	ඉනිමග	ඒණි

Lamp	ලෑම්ප්	පාන	විළක්කු
Lamp-wick	ලෑම්ප්වික්	පාන්තිරය	විළක්කුත්තිරි
Candle	කැන්ඩිල්	ඉටිපන්දම	මෙළුගුතිරි
Flame	ෆ්ලේම්	ගිනිමැලය	බළි
Torch	ටෝර්ච්	පඳම	පඳවිළක්කු
Lantern	ලැන්ටර්න්	ලන්තෑරුම	ලන්තෑරුම්
Thread	ත්‍රෙඩ්	නූල්	නූල්
Seam	සීම්	වාටිය	පොරුත්තු
Carpet	කාර්පෙට්	සමුක්කාලම	කම්පළම්
Mat	මැට්	පැදුර	පායි
Whip	හ්විප්	කසේ	සවුක්කු
Saddle	සැඩ්ල්	සෑදල්	සේණම්
Bridle	බ්‍රිඩ්ල්	කටකලියාව	කඩිවාළම්
Girth	ගර්ත්	බඳපටිය	ඉඩුබෙක්කච්චු
Waggon	වැගන්	කරත්තය	වණ්ඩි
Carriage	කැරේජ්	රථය	කුදිරෛවණ්ඩි
Cart	කාර්ට්	ගොන්කරත්තය	මාඩුවණ්ඩි
Pole	පෝල්	ඊරියාකඳ	වණ්ඩි මරම්
Wheel	වීල්	රෝදේ	රෝදෛ
Spike	ස්පයික්	රෝද දත	ආණි
Axle-tree	ඇක්සල්ට්‍රී	අලවංගුව	අච්චු මරම්
Tire	ටයර්	පට්ටම	සිල්වළයම්
Spout	ස්පෞට්	පීල්ල	පීලි

ඩූ නොට් බර්න් ද කුෂන්ස්	කොට්ට කිළුටු නොකරන්
වෙයර් ඉස් fපර්නිචර් සෝල්ඩ්?	ලීබඩු විකුණන්නේ කොහෙද ?
වන් ඔf ද ලෙග්ස් ඉස් බ්‍රෝකන්	එක කකුලක් කැඩිලයි
ලේ ද ටේබල් ක්ලොත්	මේසේ රෙද්ද එලාපන්
ද ස්ක්‍රීන් ඉස් ටෝර්න්	රෙදිවැට ඉරුණ
ද බෙඩ් හැස් නෝ කර්ටෙන්ස්	ඇඳට තිර ඇත්තේ නෑ
ඉස්ඉට් ඒ කොයර් මැට්රෙස්?	ඒක කොහු පිරෙව් මෙත්තයක්ද ?
ද පිලෝ ඉස් හාර්ඩ්	කොට්ටේ තදයි
පුට් හෑඩ්සිට් ෂීට්ස්	සුදු ඇතිරිලි එලාපන්
හී බ්‍රෝක් ද ටම්බ්ලර්	ඔහු තඹලේරුව බින්දා
බ්‍රිං එනදර් ජ්‍යාල්ට්	වෙනිං පිඟානක් ගෙනෙන්
ටේක් එවේ ද ඡෑර්	මේ පිරිසිය අරන් පලයන්
හී ලෙට් ද බෝල් fෝල්	ඔහු ඒ පාත්‍රය අතඇරියා
ද බොට්ල් ඉස් fපුල් ඔf වෝටර්	බෝතලේ වතුරෙන් පිරිලයි
fිඋ සිංහලීස් යූස් ස්පූන්ස්	සිංහල මිනිසුන්ගෙන් ස්වල්ප දෙනෙක් හැඳි පාවිච්චිකරණවා
ද කෙට්ල් ඉස් හොට්	කේතලේ රත්වී තිබෙනවා
දෙයර් ඉස් නෝ පෙස්ල්	මෙහි මෝල්ගහක් ඇත්තේ නෑ
දිස් සිව් විල් ඩූ	මේ පෙනේරේ ඇති

ද ක්ලොක් ඉස් ස්ටොප්ට්	ඔර්ලෝසිය හිටලා තිබෙනවා
දෙයර් ඉස් අ බර්ඩ් ඉන් ද කේජ්	කූඩුවේ කුරුල්ලෙක් ඉන්නවා
ස්වීප් ඉට් විත් ද බෲම්	ඉලපතෙන් අතුගාපන්
බ්‍රිං ද සිසර්ස්	කතුර ගෙනෙන්
කැන් යූ ගෙට් ඒ ලැඩර් ?	ඉනිමගක් ඉල්ලාගෙන එන්ට ඔබට පුළුවන්ද ?
පුට් අ වික් ඉන් ද ලැම්ප්	පානට පාන්තිරයක් දමාපන්
ගෙට් අ ටෝර්ච් ඕර් අ ලැන් ටර්න්	පන්දමක්වත් ලන්තෑරුමක් වත් ගෙනෙන්
හැස් ද ඇල්මය්රා අ ලොක්?	අල්මාරියට යතුරු තහඩුවක් තිබෙනවාද ?
අයි හැව් ලොස්ට් ද කී	යතුර මා අතින් නැතිවුනා
වෙයර් ඉස් හුවර් මැට්?	උඹේ පැදුර කෝ?
ඩූ නොට් හ්වීප් ද ඩෝග්	බල්ලාට කසෙන් ගහන්ට එපා
සැඩ්ල් ද හෝර්ස්	අශ්වයාට සෑදලේ දමාපන්
ද ගර්ත්ස් ආර් ලූස්	බඳපටි බුරුල්වී තිබෙනවා
හව්මච් ඉස් ද කාර්ට් හයර් ටූ කැන්ඩි !	මහනුවරට කරත්ත කුලී කොපමණද ?
දෙයාර් ආර් ට්වෙල්ව් පෙන්ස් ඉන් අ ෂිලිං	සිලිමකට පැන්ස දොළහයි
එයිට් ෆැනැම්ස් මේක් අ ෂිලිං	පනම් අට සිලින් එකයි

Profession	ප්‍රොfපැෂන්	කර්මාන්තය	තොළිල්
Minister	මිනිස්ටර්	දේවගැතියා	පෝතගර්
Priest	ප්‍රීස්ට්	පූජකයා	ගුරු
Doctor	ඩොක්ටර්	වෙදු	වෛත්තියන්
Baker	බේකර්	පාන්පුලුස්සන්නා	අප්පක්කාරන්
Butcher	බුචර්	හරක්මරන්නා	ඉරෛච්චික්කාරන්
Drunkard	ඩ්‍රන්කර්ඩ්	බේබද්දා	කුඩිකාරන්
Distiller	ඩිස්ටිල්ර්	අරක්කුපෙරන්නා	සාරායං කාය්ච්චුවෝන්
Planter	ප්ලෑන්ටර්	වවන්නා	පයිර්සෙයිගිරවන්
Farmer	fපාර්මර්	ගොවියා	වෙල්ලාණ්මෛකාරන්
Sower	සෝවර්	වපුරන්නා	විතෛදක්කිරවන්
Reaper	රීපර්	කපන්නා	අරිවෙට්ටුගිරවන්
Fisher	fපිෂර්	මස්මරන්නා	කරෛයාන්
Barber	බාර්බර්	ඇම්බැට්ටයා	අම්බට්ටන්
Tailor	ටේලර්	මහන්නා	තයියල්කාරන්
Shoe-maker	ෂූමේකර්	සපත්තුමහන්නා	සක්කලියන්
Washer-man	වෂර්මැන්	හේනයා	වණ්ණාන්
Weaver	වීවර්	ෂන්නරයා	නෙසවුකාරන්
Basket-maker	බාස්කෙට් මේකර්	පෙට්ටි වියන්නා	පෙට්ටි නෙයිගිරවන්
Gold-smith	ගෝල්ඩ්ස්මිත්	බඩාලා	තට්ටාන්
Black-smith	බ්ලැක්ස්මිත්	ආචාරියා	කොල්ලන්

Mat-weaver	මැට්වීවර්	කින්නරයා	පායිනෙයිවාන්
Brick-maker	බ්‍රික්මේකර්	ගඩොල් පුලුස්සන්නා	සෙගල් සුඩුගිරවන්
Stone-cutter	ස්ටෝන්කටර්	ගල්කපන්නා	කල්ලුවෙට්ටි
Lime-burner	ලයිම්බර්නර්	හුනු පුච්චන්නා	සුන්නන්සුඩුවන්
Mason	මේසන්	පෙදරේරුවා	කොල්ලන්
Labourer	ලේබරර්	වැඩකරුවා	වේලෙයියාල්
Carpenter	කාර්පෙන්ටර්	වඩුවා	තච්චන්
Painter	පේන්ටර්	සිත්තරා	සිතතිරකාරන්
Printer	ප්‍රින්ටර්	අච්චුගසන්නා	අච්චඩික්කිරවන්
Book-binder	බුක්බයින්ඩර්	පොත්බඳින්නා	පුසතගම් කට්ටුකිරවන්
Writer	රයිටර්	ලියන්නා	එලුත්තාලි
Merchant	මර්චන්ට්	වෙළෙන්දා	යාවාරි
Shop-keeper	ෂොප්කීපර්	සාප්පුකාරයා	සාප්පුකාරන්
Bazaar-keeper	බසාර්කීපර්	කඩකාරයා	කඩෙක්කාරන්
Trader	ට්‍රේඩර්	වෙළෙන්දා	කච්චවඩක්කාරන්
Seller	සෙලර්	විකුණන්නා	විට්කිරවන්
Tanner	ටැනර්	සම්කාරුවා	සක්කිලියන්
Potter	පොටර්	බඩහැලයා	කුසවන්
Cooly	කූලි	කුලීකාරයා	කූලික්කාරන්
Water-carrier	වෝටර්කැරියර්	වතුරකාරයා	තන්නික්කාරන්

Proctor	ප්‍රොක්ටර්	පෙරකදෝරුවා	පෙරකෝර්
Advocate	ඇඩ්වොකෙට්	අද්වකාත්	පරිඥුප්ජු
Notary	නොටරී	නොතාරිස්	කිරය සාදනක් කාරන්
Surveyor	සර්වේයර්	බිම්මනින්නා	නිලම් අළප් පොන්
Beggar	බෙගර්	හිඟන්නා	පිච්චෛකාරන්
Thief	තීෆ්	හොරා	තිරුඩන්
Outcaste	අවුට්කාස්ට්	රොඩියා	කීළ්සාදි
Astrologer	ඇස්ට්‍රොලොජර්	ගණිතයා	සෝදිඩන්
Messenger	මෙසෙන්ජර්	පණිවිඩකාරයා	තූදන්
Dancer	ඩෑන්සර්	නැට්ටුක්කාරයා	කූත්තාඩි
Singer	සිංගර්	සිංදු කියන්නා	පාඩගන්
Musician	මියුසිෂන්	හාඩබ්බිකාරයා	පාඩුගිරවන්
Tomtom-beater	ටම්ටම්බීටර්	බෙරවායා	පරෛඅඩිප්පවන්
Farrier	ෆැරියර්	ලාඩම්ගහන්නා	ඉලාඩංකට්ට ගිරවන්
Horse-keeper	හෝර්ස්කීපර්	අශ්වගොව්වා	කුදිරෛකාරන්
Grass-cutter	ග්‍රාස්කටර්	පන්නයා	පුල්ලුවෙට්ටුවෝන්
Cart-driver	කාර්ට්ඩ්‍රයිවර්	කරත්තකාරයා	කරත්තෛතක් කාරන්
Nurse	නර්ස්	කිරිමව්	චෛත්තායි
Auctioneer	ඇක්ෂනියර්	බෝද	වෙන්දිසූක්කාරන්

A wicked man	එ විකෙඩ්මෑන්	දුෂ්ඨයා	අක්කිරමක්කා [රන්
A friend	එ fප්‍රෙන්ඩ්	මිත්‍රයා	තෝළන්
Enemy	එනිමි	සතුරා	සත්තුරු
Learned man	ලර්නඩ් මෑන්	උගතා	පඩිප්පාළි
Clever man	ක්ලෙවර් මෑන්	හපනා	කෙට්ටික්කා රන්
Orator	ඔරෙටර්	කතිකයා	පිරසංගි
Sick man	සික් මෑන්	ලෙඩා	නෝයාළි
Lame man	ලේම් මෑන්	කොරා	සප්පාණි
Blind man	බ්ලයින්ඩ් මෑන්	අන්ධයා	කුරුඩන්
Deaf man	ඩෙfප් මෑන්	බිහිරා	සෙවිඩන්
Dumbman	ඩම්බ් මෑන්	ගොළුවා	ඌමෛ
A miser	එ මය්සර්	ලෝභයා	උලෝබි
A vagabond	එ වැගබන්ඩ්	පාදඩයා	පොක්කිරු
Stupid man	ස්ටුපිඩ් මෑන්	මූඪයා	මඩයන්
A fool	එ fපූල්	මෝඩයා	මදීසිනන්
Coxcomb	කොක්ස්කෝම්බ්	වට්ටාඩියා	වීම්බන්
Braggart	බ්‍රැගාර්ට්	වාචාලයා	වීම්බුක්කාරන්
Cruel man	කෲවල් මෑන්	කෲරයා	කොඩියන්
Rogue	රෝග්	තක්කඩියා	සණ්ඩාලන්
A mad man	එ මැඩ් මෑන්	පිස්සා	පයිත්තියකාරන්
A black man	එ බ්ලැක් මෑන්	කල්ලා	කරුප්පන්
A red man	එ රෙඩ් මෑන්	රතතා	සිවප්පන්
A white man	එ හවය්ට් මෑන්	සුද්දා	වෙල්ලෙයන්

කෝල් ද ඩොක්ටර්	වෙදා කැඳවාගන එරෙන්
ගෝ ටු ද ඇපොතිකරි	බෙහෙත් වෙළෙන්දා ලඟට පලයන්
බූ නොට් බී එ බුත්කර්ඩ්	බේබද්දෙක් වෙන්ට එපා
පේ ද බේකර්	පාංකාරයාට ගෙවාපන්
ද ප්ලෑන්ටර් වෙන්ට් ටු කැන්ඩි	වතුකාරයා මහනුවරට ගියා
ද ෆාර්මර් රයිසස් අර්ලි	ගොවියාපාන්දරින්මනැගිටියි
සෝ ගුඩ් සීඩ්ස්	හොඳ බිජුවට වපුරපන්
ද ෆිෂර්මෑන් වස් ඩ්‍රෝන්ඩ්	මාලු මරන්නා දියේ ගිලී මළා
ලෙට් ද බාර්බර් බ්‍රිං හිස් රේසර්	පනික්කියා දැලිපිහියේ ගෙණවාවේ
ද ටේලර් මේඩ් එ ජැකෙට්	මහන්නා බාච්චියක් මැහුවා
ද ෂූ මේකර් කේම් ටුඩේ	සපත්තු මහන්නා අද ආවා
ද වෂර්මෑන් බ්‍රෝට් ද ක්ලෝත්ස්	හේනයා ඇඳුම් ගෙණාවා
ද ටොඩ්ඩ්‍රෝයර් ෆෑල් ෆ්‍රොම් ද ට්‍රී	රා මදින්නා ගහෙන් වැටුනා
ද ගෝල්ඩ්ස්මිත් මේඩ් දි ඉමේජ්	බඩාලා රූපය හැදුවා

පේපර් මේකර්ස් යූස් රැග්ස්	කඩදාසි සාදන්නෝ කඩමාලු වලින් ඒවා සාදති
ද ප්‍රින්ටර්ස් හැව් ෆිනිෂ්ඩ් ද වර්ක්	අච්චුගසන්නෝ ඒ වැඩේ තීන්දු කළෝය
ගිව් දෙම් ටූ ද බුක්බයින්ඩර්	ඒවා පොත්බඳින්නාට දීපන්
ටේක් ඉට් ටු ද ෂෝව් මේකර්	ඒක ඔර්ලෝසි සාදන්නා ළඟට ගෙනයාපන්
ද මර්චන්ට් සෝල්ඩ් ඕල් හිස් ගුඩ්ස්	වෙළෙන්දා ඔහුගේ බඩු සියල්ලම වික්කා
ද පොටර් සෝල්ඩ් ඒ වැට්	බඩහැලයා වළඳක් වික්කා
ටැනර්ස් මේක් ලෙදර්	සම්කරුවෝ සම් පදම් කරති
ඉට් වාස් රිට්න් බයි ඒ නෝටරි	ඒක ලියන්ට යෙදුනේ නොතාරිස් කෙනෙක් විසින්ය
ලේසි පීපල් ආර් ඕෆ්ටන් බෙගර්ස්	අලසයෝ නොයෙක්විට සිඟන්නෝය
ඩූ නොට් ගෝ ටු සී ඩැන් සර්ස්	නැට්ටුක්කාරයන් බලන්ට නොයන්
ද මෙසෙන්ජර් හැස් නොට් කාම් බැක්	පණිවිඩකාරයා නැවත ආවේ නැහැ
ද ෆැරියර් ෂෝඩ් ද හෝර්ස්	ලාඩම්කාරයා අශ්වයාට ලාඩම් ගැහුවා
හෝර්ස්කීපර් ඩ්‍රින්ක්ස්	අශ්වයා බලන්නා බොනවා
ද ග්‍රෑස්කටර් ඩිඩ් නොට් බ්‍රිං ග්‍රෑස්	තණකොළ කපන්නා තණකොළ ගෙණාවේ නැහැ

Tools	ටූල්ස්	මෙවලන්	ආයුදංගල්
Field	fපීල්ඩ්	කුඹුර	වයල්
Garden	ගාර්ඩන්	වත්ත	තෝට්ටම්
Estate	එස්ටේට්	දේපල	ආදීනම්
High-ground	හයිග්‍රවුඞ්	කනත්ත	මේට්ටිකෛ
Ridge	රිජ්	නියර	වරම්බු
Water-course	වාටර්කෝර්ස්	ඇල	නීරෝට්ටම්
Plough	ප්ලව්	නගුල	කලප්පෛ
Coulter	කෝල්ටර්	සීවැල	කොළු
Yoke	යෝක්	වියගහ	නුහම්
Goad	ගෝඩ්	කෙවිට	තාට්ටුක්කෝල්
Hoe	හෝ	උදැල්ල	මණ්වෙට්ටි
Spade	ස්පේඩ්	ඉස්කෝප්පේ	සෝලියප්පාරෛ
Sickle	සික්ල්	දෑකැත්ත	අරිවාල්
Scarecrow	ස්කෙයාර්ක්‍රෝ	පඹයා	වෙරුලි
Bill-hook	බිල්හුක්	කැත්ත	වෙට්ටුක්කත්ති
Threshing-floor	ත්‍රෙෂිංෆ්ලෝර්	කමත	කලම්
Ship	ෂිප්	නැව	කප්පල්
Dhony	ඩෝනි	ඔරුව	තෝණි
Canoe	කැනෝ	අඟුල	සඟඩම්තෝණි
Boat	බෝට්	තනිඔරුව	පඩගුතෝනි
Fishing-boat	fපිෂිංබෝට්	වස්මරණඔරුව	මින්තෝනි
Rudder	රඩර්	සුක්කානම	සුක්කාන්

Sail	සේල්	රුවල	කප්පල් පායි
Awning	ආනිං	වියන	මෙට්කට්ටි
Oar	ඕර්	හබල	තණ්ඩු
Paddle	පැඩ්ල්	අවලේ	මණ්ඩවෙයි
Outrigger	අව්ට්රිගර්	සොල්ලෑව	කුල්ලා
Buoy	බෝයි	ඉපියාව	කාවියා
Net	නෙට්	දැල	වලෛ
Fishing-rod	ෆිෂිංරොඩ්	බිලිපිත්ත	මීන්තණ්ඩම
Hook	හුක්	බිලිකටුව	තූණ්ඩිල්
Bait	බේට්	ඇම	ඉරෛ
Saw	සෝ	කියත	අරිවාල්
Chisel	චිසල්	නියන	උළි
Plane	ප්ලේන්	යත්ත	සීවුළි
Gimlet	ගිම්ලෙට්	බුරුමකටුව	තුරප්පනම්
Wimble	විම්බල්	බුරුමේ	පොතතුලයි
Square	ස්කොයර්	මට්ටම්ලෑල	සතුරම්
Mallet	මැලෙට්	අත කොලුව	වල්ලිච්චුක් කුට්ටි
Compasses	කොම්පසස්	කවකටුව	කවරාසම්
Rule	රූල්	මට්ටම්ලෑල්ල	සට්ටප්පලගෛ
Adze	ඇඩ්ස්	වෑය	වාසිච්චි
Whetstone	වෙට්ස්ටෝන්	කරගල	තීට්ටුක්කල්
Rasp	රැස්ප්	පුල්ලෝරම	තුරුවුම්බුගෛ
File	ෆයිල්	පීර	අරම්
Hammer	හැමර්	මිටිය	සුත්තියල්

Anvil	ඇන්විල්	කිනිරය	අඩෙයල්
Vice	වයිස්	ඇඹුඅඹුව	පිඩිච්සිරාව්
Pincers	පින්සර්ස්	අඬුව	කුරඬු
Bellows	බෙලෝස්	මයිනහව	තුරුත්ති
Forge	ෆෝර්ජ්	කම්මල	උලෛක්කළම්
Trowel	ට්‍රුවල්	හුණුහැන්ද	සුනම්බුකරඬි
Plummet	ප්ලමෙට්	ලඹකැටේ	තූක්කු තූට්ගුඬු
Ladder	ලැඩර්	ඉනිමග	ඒණි
Level	ලෙවල්	ජලමට්ටම	නීර්මට්ටම්
Line	ලයින්	නූල	වරි
Pick-axe	පිකැක්ස්	ගල්කටුව	කුත්තාණි
Potter	පොටර්	බඩහැලයා	කුයවන්
Mould	මෝල්ඩ්	අච්චුව	අච්චු
Shuttle	ෂටිල්	නඩාව	නාඩා
Loom	ලූම්	අලුව	අලෛ
Horse-shoe	හෝර්ස්ෂූ	ලාඩම	ඉලාඩන්
Measure	මෙෂර්	නැළිය	කොත්තු
Balance	බැලැන්ස්	තරාදිය	තරාසු
Weights	වේට්ස්	තරාදි පඩි	තරාසු පඩි
Scales	සේක්ල්ස්	තරාදිය	තරාසු
Parcel	පාර්සල්	මිටිය	කට්ටු
Cooly-load	කූලිලෝඩ්	බර	සුමෛ
Cart-load	කාර්ට්ලෝඩ්	පැටවිල්ල	වණ්ඩිපාරම්

Ounce	අවුන්ස්	එක්බරගණනක්	ඔරුනිරෛ
Pound	පවුන්ඩ්	රාත්තල	ඉරාත්තල්
Powder	පව්ඩර්	කුඩු	තූල්
Decoction	ඩිකොක්ෂන්	කසාය	කසායම්
Infusion	ඉන්ෆිව්ෂන්	පෙරීම	ඌරල්
Blister	බ්ලිස්ටර්	පත්තුව	කොප්පුලම්
Poultice	පෝල්ටිස්	පාප්ප	පොට්ටණම්
Bandage	බැන්ඩේජ්	පටිය	කට්ටු
Cannon	කැනන්	කාලතුවක්කුව	පීරංගි
Pistol	පිස්ටල්	පිස්තෝලේ	කයිත්තුප්පාකි
Gun-powder	ගන්පව්ඩර්	වෙඩිබේත්	වෙඩිමරුන්දු
Bullet	බුලෙට්	උණ්ඩෙ	කුණ්ඩු
Sword	සෝර්ඩ්	කඩුව	වාළ්
Sheath	ෂීත්	කොපුව	උරෛ
Bow	බෝ	දුන්න	විල්ලු
Arrow	ඇරෝ	ඊගහ	අම්බු
Quiver	කවිවර්	ඊකොපුව	අම්බුක්කූඩු
Shield	ෂීල්ඩ්	පලිහ	පරිසෛ
Spear	ස්පියර්	හෙල්ලය	ඊට්ටි
Flag	ෆ්ලැග්	කොඩිය	කොඩි
Music	මියුසික්	ගායනාකොරීම	සංගීදම්
Trumpet	ට්‍රම්පෙට්	හොරණෑව	එක්කාළම්
Drum	ඩ්‍රම්	තම්බෝරුව	තම්පුරු
Cymbal	සිම්බල්	තාලම්පට	කින්කිනි

හැව් යූ බ්‍රෝට් යුවර් ටූල්ස්	උඹේ මෙවලන් ගෙණාවාද ?
සෝ ද ෆීල්ඩ් ටුඩේ	අද කුඹුර වපුරාපන්
ක්ලියර් ද වෝටර් කෝර්ස්	ඇල පාදපන්
මෙන්ඩ් ද ප්ලව්	නගුල හරිගස්සාපන්
ෂාර්ප් ද සික්ල්	දෑකැත්ත මුවත්තියාපන්
ගෝ ටූ ද ත්‍රෙෂිං ෆ්ලෝර්	කමතට පලයන්
ද කැනෝ වෝස් අප්සෙට්	අගුල පෙරළුනා
ද පැඩාබෝට් වස් ක්‍රව්ඩඩ්	පාරුවේ මිනිස්සු පිරී සිටියා
ගෝ ටූ කැන්ඩි ෆෝර් එ හෝ	උදැල්ලක් ගෙනෙන්ට මහනුවරට පලයන්
ආර් යූ ඇෆ්‍රේඩ් ඔෆ් එ ස්කෙයර්ක්‍රෝ	උඹ පඹයාට භය වෙන්නෙහිද ?
ස්ප්‍රෙඩ් ද ආර්ත්	විඝන අතුරාපන්
දි ඊර් ඉස් ඉන් ද ෂී	අවල මූදේ තිබෙනවා
කැස්ට් ද නෙට් ඕවර්	දැල දමාපන්
හැට් මී ඒ ගුඩ් හුක්	මට හොඳ බිලිකට්ටුවක් ගෙනෙන්
ද සා ඉස් නොට් ෂාර්ප්	කියත මුවහත් නැත
කට් ඉට් විත් එ චිසල්	ඒක නියනෙනත් සැහැපන්
එ මැලට් ඉස් මේඩ් ඔෆ් වුඩ්	අතකොලුවක් සාදන්නේ ලියෙන්ය
නව් ප්ලේන් ද බෝර්ඩ්	ඉතින් ලෑල්ල යතුගාපන්
යූස් ද රූල්	මට්ටම් ලෑල්ලෙන් මට්ටම්කරපන්
ද හැන්ඩල් ඔෆ් ද හැමර්	කුලුගෙඩියේ මිට

ද ස්මිත් හෑස් ඇන් ඇන්විල්	ආචාරියා ළඟ කිහිරයක් තිබෙනවා
ෆුල් ඉට් විත් ද පින්සර්ස්	ඒක අඬුවෙන් ඇදපන්
බ්ලෝ ද බෙලෝස්	මයිනහමෙන් පිඹපන්
ස්මූත් ඉට් විත් ද ට්‍රවල්	ඒක හුණු හැන්දෙන් සමතලා කරපන්
ඉට් ඉස් රයිට් බයි ද ප්ලමෙට්	ඒක ලඹෙට හරි
ද පිකෑක්ස් ඉස් හෙවි	ගල්කටුව බරයි
ද පොටර් මේක් වැටිස්	බඩහැලයා වලන් සාදනවා
මේක් ඉට් ඉන් ඒ මෝල්ඩ්	ඒක අච්චුවෙන් හදපන්
ද වීවර් බ්‍රෝට් හිස් ලූම්	වියන්නා අලූව ගෙණාවා
නේල් ඔන් ද හෝර්ස් ෂූ	අශ්ව ලාඩමේ ඇනගසාපන්
ද ඩොක්ටර් ගේව් දිස් පව්ඩර්	වෙද මේ බෙහෙත්කුඩු දුන්නා
ඩ්‍රින්ක් දිස් ඩිකොක්ෂන්	මේ කසාය බීපන්
දැට් ඉන්ෆියුෂන් ඉස් බිටර්	අර කසාය තිත්තයි
පුට් ඔන් ඒ බ්ලිස්ටර්	පත්තුවක් එලාපන්
ඩූ නොට් පෙල් විත් ගන් පව්ඩර්	වෙඩිබෙහෙත්වලින් සෙල්ලම් නොකරන්
ටේක් කෙයාර් ඔෆ් ගන්ස්	තුවක්කුවලින් ප්‍රවේසම් වෙයන්
ඒ කව්වර් ෆුල් ඔෆ් ඇරෝස්	ඊතල පිරෙව් කොපුවක්
හෝල් ඩවුන් ද ෆ්ලැග්	කොඩිය බාපන්
ද ට්‍රම්පෙට් සවුන්ඩ්ස්	හොරණෑව ශබ්දකරනවා

Government	ගවර්න්මෙන්ට්	ආණ්ඩුව	ආළුගෛ
Emperor	එම්පරර්	අගරජ්ජුරුවෝ	ඉරාසාදිරාසන්
King	කිං	රජ්ජුරුවෝ	ඉරාසා
Queen	ක්වීන්	බිසව	ඉරාසාත්ති
Prince	ප්‍රින්ස්	කුමාරයා	ඉරාසපුත්තිරන්
Princess	ප්‍රින්සෙස්	කුමාරිකාව	ඉරාසපුත්තිරි
Governor	ගවර්නර්	ආණ්ඩුකාරයා	තේසාදිපදි
Council	කවුන්සල්	මන්ත්‍රණසභාව	සංගම්
Chief Justice	චීෆ් ජස්ටිස්	කොටුවේ මහා රජ්ජුරුවෝ	මුදලාම්නියා යාදිපදි
Judge	ජජ්	නඩුකාරයා	නියායාදිපදි
District	ඩිස්ට්‍රික්ට්	පළාත	ඌර්
Court	කෝර්ට්	උසාවිය	කෝට්ටු
Police	පොලීස්	පොලීසිය	පොලීසි
Magistrate	මැජිස්ට්‍රේට්	මහේස්ත්‍රාත්	නිදිවිසාර ණෛත්තුරෛ
Jury	ජූරි	ජූලි	නඩුවර්හළ්
Clerk	ක්ලාක්	ලියන්නා	එළුත්තුක්කාරි යක්කාරන්
Interpreter	ඉන්ටර්ප්‍රිටර්	තුප්පාසිකම් කියන්නා	තුපාසි
Mudaliyar	මුඩලියර්	මුදියන්සේ	මුදලියාර්
Mohandiram	මොහණ්ඩිරම්	මුහන්දිරම	මුහාන්දිරම්

Deputy	ඩෙපියුටි	දෙවෙනියා	පදිලාලි
Suprintendent	සුප්‍රින්ටෙන්ඩෙන්ට්	මූලාදෑනියා	කාරිය විසාරණෛක්කාරන්
Inspector	ඉන්ස්පෙක්ටර්	සෝදිසිකර බලන්නා	සෝදිප්පවන්
Jailor	ජේලර්	හිරගේ මූලාදෑනියා	සිරෛවාලෛ කාරන්
Serjeant	සර්ජැන්ට්	සරෙන්තුවා	සරෙන්තු
Constable	කොන්ස්ටේබල්	කොස්තාපල්	සේවගන්
Summons	සමන්ස්	සිතාසි	සිත්තාසු
Warrant	වොරන්ට්	වරන්තුව	මරියට්කඩුදාසි
Peace	පීස්	සමාදානය	සමාදානම්
War	වෝර්	යුද්ධය	යුත්තම්
Rebellion	රිබෙලියන්	කැරල්ල	ඌර්කලගම්
Army	ආර්මි	යුද්ධහමුදාව	පඩෛ
Cavalry	කැවල්රි	අශ්වසේනාව	කුදිරෛවීරල්
Iufantry	ඉන්ෆැන්ට්‍රි	පාබලසේනාව	කාලාට්කළ්
Artillery	ආර්ටිලරි	කාලතුවක්කු කාරයෝ	පිරංගික්කාරර්
Eugineer	එංජිනියර්	ඉංජිනේර්වා	ඉජිනේර්
Fort	ෆෝර්ට්	කොටුව	කොට්ටෛ
Officer	ඔෆිසර්	මූලාදෑනියා	තලෛවන්

Darkness	ඩාර්ක්නෙස්	අන්ධකාරය	අන්දකාරම්
Light	ලයිට්	එළිය	වෙළිච්චම්
Day-break	ඩේබ්‍රේක්	අළියම	විඩියට්කාලම්
Sunrise	සන්රයිස්	ඉරපෑවුම්	සූරියෝදයම්
After-noon	ආෆ්ටර්නූන්	සවස	පින්නේරම්
Sunset	සන්සෙට්	ඉරබැසීම	අස්තමනම්
Mid-night	මිඩ්නයිට්	මධ්‍යමරාත්‍රිය	නඩුරත්ත්‍රි
Cockcrow	කොක්ක්‍රෝ	කුකුළා අඬලන යාමය	කෝළි කූවල්
Second	සෙකන්ඩ්	තත්පරය	නිමිෂම්
Fort-night	ෆෝට්නයිට්	දෙසතිය	පදිනාලු නාළ්
Almanac	ඕල්මනැක්	ලිත	පංජගම්
January	ජැනුවරි	ජනවාරි	තෛ
February	ෆෙබෘවරි	පෙබරවාරි	මාසි
March	මාර්ච්	මාර්තු	පංගුනි
April	ඒප්‍රල්	අප්‍රේල්	සිත්තිරෛ
May	මේ	මැයි	වෛකාසි
June	ජූන්	ජූනි	ආනි
July	ජුලයි	ජූලි	ආඩි
August	ආගස්ට්	අගෝස්තු	ආවණි
September	සැප්ටැම්බර්	සැප්තැම්බ්‍ර	පුරට්ටාසි
October	ඔක්ටෝබර්	ඔක්තෝබ්‍ර	අප්පසි
November	නොවැම්බර්	නොවැම්බ්‍ර	කාර්තිගෙ
December	ඩිසැම්බර්	දෙසැම්බ්‍ර	මාර්කළි

Eleven	ඉලෙවන්	එකොළහ	පදිනොනවු
Twelve	ටෙවල්ව්	දොළහ	පන්නිරෙණ්ඩු
Thirteen	තර්ටීන්	දහතුණ	පදිමූනවූ
Fourteen	fපෝර්ටීන්	දහහතර	පදිනාළු
Fifteen	fිfප්ටීන්	පහළොහ	පදිනෛත්තු
Sixteen	සික්ස්ටීන්	දහසය	පදිනාරු
Seventeen	සෙවන්ටීන්	දහහත	පදිනේළු
Eighteen	එය්ටීන්	දහඅට	පදිනෙට්ටු
Nineteen	නයින්ටීන්	දහනවය	පත්තොඹදු
Twenty	ටෙවන්ටි	විස්ස	ඉරුපදු
Twenty-one	ටෙවන්ටි වන්	විසිඑක	ඉරුපත් තොනවු
Thirty	තර්ටි	තිහ	මුප්පදු
Fourty	fපෝර්ටි	හතළිහ	නාප්පදු
Fifty	fිfප්ටි	පණහ	අයිම්පදු
Sixty	සික්ස්ටි	හැට	අරුපදු
Seventy	සෙවන්ටි	හැත්තෑව	එලුවදු
Eighty	එයිටි	අසූව	එණ්පදු
Ninety	නයින්ටි	අනූව	තොණ්ණූරු
A hundred	එ හංඩ්‍රෙඩ්	සියය	නූරු
Two hundred	ටූ හංඩ්‍රෙඩ්	දෙසියය	ඉරුනූරු
A thousand	එ තවුසණ්ඩ්	දහ	ආයිරම්
Ten thousand	ටෙන්තවුසණ්ඩ්	දසදහ	පදිනායිරම්
A lac	එ ලැක්	ලක්ෂය	ලෙට්චම්

වී ලිව් අන්ඩර් අ ගුඩ් ගවර්න්මෙන්ට්	අපි යහපත් ආණ්ඩුවක් යටතේ සිටිමු
හූ ඉස් ක්වීන් වික්ටෝරියා?	වික්ටෝරියා බිසවනම් කවුද?
හූ වෝස් ප්‍රින්ස් ඇල්බර්ට්?	ඇල්බර්ට් කුමාරයානම්කවුද?
හූ ඉස් ද ගවර්නර් ඔෆ් සිලෝන්?	ලංකාවේ ආණ්ඩුකාරයා කවුද?
ද ගවර්නර් හෑස් ටූ කෞන්සල්ස්	ආණ්ඩුකාරයාට මන්ත්‍රණසභා දෙකක් තිබෙනවා
ද චීෆ් ජස්ටිස් ඩිසයිඩඩ් ද කේස්	ප්‍රධාන විනිශ්චය කාරය නඩුව තීන්දුකළා
ද මැජිස්ට්‍රේට් පනිෂ්ඩ් හිම	මහෙස්ත්‍රාත් තැන ඔහුට අච්චූ කළා [වූනා
ද ජූරි සැට් ටුඩේ	ජූරිකාරයෝ අද ජූරියට වාඩි
අයි විශ් ටූ බිකම් අ ක්ලාක්	මම ලියන්නෙක් වෙන්ට කැමතියි
ද මුඩලියර් හෑස් කම	මුදියන්සේ ආවා
ද ඒජැන්ට් කැනොට් සී යූ ටුඩේ	ඒජන්තඋන්නාන්සේට අද උඹ දකින්ට බැහැ
ද ටැක්ස් ඉස් සික්ස් ෂිලිංස්	බදු මුදල සිලින් හයයි
ද ෆිස්කෝල් වස් ලේට්ලි ඇපොයින්ටඩ්	ඒ පිස්කල් තැන නොබෝදා පත්වූනා
ද ජේලර් ටූක් චාර්ජ් ඔෆ් හිම	සිරගෙයි මුලාදෑනියා ඔහු බාර ගත්තා
ඒ රිබෙලියන් බ්‍රෝක් අවුට්	කාරල්ලක් හට ගත්තා

රයිස් ඇට් ඩේබ්‍රේක්	අළියම නැගිටපන් [රෙස්
කම් එබෞට් සන්සෙට්	ඉරබසින වෙලාවට වගේ ව
අයි ගොට් අප් ඇට් කොක්ක්‍රෝ	මම කුකුලා අඬලන වෙලාවට නැගිට්ටෙමි
හි ඩයිඩ් ඇට් මිඩ්නයිට්	ඔහු මධ්‍යම රාත්‍රියේ මැරුණ
ඇස්ට්‍රොලොජි ඉස් fපූලිෂ්	නක්ෂත්‍රය මෝඩ දෙයකි
හොරස්කෝප්ස් අර් නොට් ට්‍රෑ	කේන්ද්‍ර සැබෑ නොවේ
ජැනුවරි ඉස් ද fපර්ස්ට් මන්ත් ඔfප් ද ඉයර්	ජනවාරි මාසය අවුරුද්දේ පළමුවෙනි මාසයයි
ඒප්‍රල් ඉස් එ හොට් මන්ත්	අප්‍රේල්මස ග්‍රීෂ්ම මාසයකි
මේ ඇන්ඩ් නොවැම්බර් ආර් රේනි මන්ත්ස්	මැයි නොවැම්බර් යන දෙමාසය වර්ෂා මාසවල්ය
ඩිසැම්බර් ඉස් එ කෝල්ඩ් මන්ත්	දෙසැම්බර් මස සීතල මාසයක්
කම් ඉන් හාfප් ඇන් අවර්	පැය බාගයකින් වරෙන්
ඉලෙවන් මෙන්	මිනිස්සු එකොළොස්දෙනෙක්
fපෝර්ටීන් ගර්ල්ස්	ගෑණුලමයි දහහතරදෙනෙක්
සික්ස්ටීන් හෝර්සස්	අශ්වයෝ දහසය දෙනෙක්
fපෝර්ටි fපයිව් චිල්ඩ්‍රන්	ළමයි හතළිස් පස්දෙනෙක්
සික්ස්ටිවන් වුමන්	ස්ත්‍රීන් හැටඑක් දෙනෙක්
සික්ස් හන්ඩ්‍රඩ් ෂිප්ස්	පාත්තියන් හයසියයක්

දෙයර් ඉස් ඕන්ලි වන් ගෝඩ්	ඇත්තේම එක දෙවි කෙනෙක්ය
ගෝඩ් මේඩ් ඕල් තිංස්	දෙවියන්වහන්සේ සෑමදේම මැව්සේක
ගෝඩ් ඉස් එව්රි වෙයර්	දෙවියන්වහන්සේ සෑම තැනම සිටිනසේක
ගෝඩ් නෝස් එවරි තිං	දෙවියන්වහන්සේ සෑමදේම දන්නසේක
ගෝඩ් ඉස් හෝලි	දෙවියන්වහන්සේ ශුද්ධය
ගෝඩ් ඉස් ජස්ට්	දෙවියන්වහන්සේ ධර්මිෂ්ඨය
ගෝඩ් ඉස් ගුඩ්	දෙවියන්වහන්සේ යහපත්ය
වි ඕල් හැව් සින්ඩ්	අපි සියල්ලෝම පව්කොළමු
වී හැව් හැඩ් බෑඩ් තෝට්ස්	අපි නපුරු සිතිවිලි සිතුවෙමු
වී හැව් සෙඩ් බෑඩ් වර්ඩ්ස්	අපි නපුරු වචන කිවෙමු
වී හැව් ඩන් බෑඩ් ඩීඩ්ස්	අපි නපුරුක්‍රියා කෙළෙමු
වී ඩිසර්ව් ටූ ගෝ ටූ හෙල්	අපි නිරයට යන්ට වටින්නෙමු
හැල් බර්න්ස් වීත් ෆයර්	නිරය ගින්නෙන් ඇව්ලෙයි
ද ෆයර් ඔෆ් හෙල් ඉස් නෙවර් ක්වැන්ච්ඩ්	නිරයේ ගින්න කවදාවත් නොනිවේ
ගෝඩ් පිටියඩ් අස්	දෙවියන්වහන්සේ අපට අනුකම්පා කළසේක
ජීසස් ක්‍රයිස්ට් ඩයිඩ් ටූ සේව් අස්	යේසුස් ක්‍රිස්තුස්වහන්සේ අප ගලවා ගන්ට මළසේක

වි ෂුඩ් බිලීව් ඉන් ක්‍රයිස්ට්	අපි ක්‍රිස්තුස්වහන්සේ කෙරෙහි අදහන්ට ඕනෑ
වි ෂුඩ් ට්‍රයි ටු බිකම් හෝලි	අපි ශුද්ධව සිටින්ට උත්සාහ කරන්ට ඕනෑ
ආස්ක් ගෝඩ් ටු ක්ලෑන්ස් යුවර් හාර්ට්	උඹේ සිත පිරිසිදුකරණ ලෙස දෙවියන්ගෙන් ඉල්ලාපන්
ප්‍රේ මෝර්නිං ඈන්ඩ් ඊව්නිං	උදේ සවස යාච්ඤාකරපන්
කීප් ද සැබත්ඩේ හෝලි	සබත් දවස පිරිසිදු ලෙස පවත්වාපන්
ඩූ නොට් ටේක් ගෝඩ්ස් නේම් ඉන් වේන්	දෙවියන්වහන්සේගේ නාමය නිකමට නොකියන්
ඩූ නොට් ටෙල් ලයිස්	බොරු කියන්ට එපා
ඩූ නොට් චීට්	රවටන්ට එපා
ඩූ නොට් ඩ්‍රින්ක් ටඩී ඕර් ඇරක්	රාවත් අරක්කුවත් බොන්ට එපා
ලිව් ඉන් පීස්	සමාදානයෙන් සිටපන්
ෆෝර්ගිව් වන් එනදර්	එකිනෙකාට කමාවෙයන්
බි නොට් ප්‍රවුඩ්	උඩගුවෙන්ට එපා
ඩූ නොට් කවැට්	අනුන්ගේ දේට ඇශාවෙන්ට එපා
ඩූ නොට් වේස්ට් ටයිම්	කාලය නැති කරන්ට එපා
රීඩ් ද බයිබල් ඩේලි	දවස්පතා බයිබලය කියවාපන්
වි ඕල් මස්ට් ඩයි	අපි සියල්ලෝම නසින්ට ඕනෑ
ඈෆ්ටර් ඩෙත් වී ෂැල් බි ජජ්ඩ්	මරණින් පසු අපි විනිශ්චයකරණු ලබන්නෙමු

W. M. KOLLUPITIYA PRESS, COLOMBO.